America

Constantin Boym

America

Constantin Boym

Birkhäuser / mudac

LOTTO GUNS BEER
ICE SNACKS AMMO
LUBE SERVICE
TIRE 24HR TOWING
24 HR.
PAY
AT THE
PUMP
WE
HAVE
DIESEL
JUNCTION
389
1/2 MILE

Charles & Ray Eames. *Glimpses of the USA* (1959). © 2005 EAMES OFFICE LLC (www.eamesoffice.com)

A-M-E-R-I-C-A 7 lettres pour 7 thèmes: Constantin Boym et moi-même avons opté pour une formule d'un nouveau genre: je ne pose pas de questions et donc, il ne s'agit pas d'une réelle interview. Boym peut donner libre cours à son imagination et traiter les thèmes de son choix, à condition qu'ils commencent par chacune des lettres composant le mot AMERICA. Chaque lettre peut ainsi déclencher une idée, une rumeur ou une vision. Il a joué le jeu au-delà de toute espérance, puisqu'il a développé non pas un mais deux sujets par lettre, chacun en lien avec le thème global de ce livre et l'exposition qui l'accompagne. Boym n'est pas américain, mais il vit aux États-Unis depuis longtemps. Et il n'a cessé, tout au long de ces années, d'exercer son extraordinaire talent d'observateur, s'en servant tantôt comme d'un jouet, tantôt comme d'une arme, véritables moteurs de ses activités et de ses créations. Loin de l'interview traditionnelle, ce jeu lui a permis de garder ses distances et d'interpréter les faits de manière décalée, totalement subjective. Mais, à propos: cela n'est pas une simple plaisanterie. Chantal Prod'Hom_ directrice, mudac

A-M-E-R-I-C-A 7 letters for 7 issues since neither of us wanted to publish a traditional interview. Each letter gives the start to an idea, a concept, a rumor or a vision. Boym is free to react, to jump on the incentive and let it go instead of answering since there are no real questions. Boym's observation accuracy is an exceptional talent, a toy or a weapon which feeds his actions and generates the creation of his objects. Each letter of the word AMERICA is connected with two options linked to the global theme of this book and the related show entitled America. As a reminder: this country is not his but America is where he has lived for a long time now… More than an interview, it's a game, a way of standing aloof, of interpreting the facts and, of course, of being totally subjective. By the way, it's not just a joke. Chantal Prod'Hom_ director, mudac

A-M-E-R-I-C-A Sieben Buchstaben für sieben Begriffspaare – weder er noch ich wollten das übliche Interview publizieren. Jeder Buchstabe ist der „Auslöser" einer Idee oder Vision, eines Konzepts oder Gerüchts. Boym kann darauf eingehen wie er will, seinen Gedanken freien Lauf lassen, statt Fragen zu beantworten, weil keine richtigen Fragen gestellt werden. Boyms genaue Beobachtungsgabe ist ein außergewöhnliches Talent, ein Spielzeug oder eine Waffe, Antrieb seines Handelns und Ausgangspunkt seiner Entwürfe. Jeder Buchstabe des Wortes AMERIKA steht hier für zwei Begriffe, die etwas mit dem globalen Thema dieses Katalogs und der dazugehörigen, gleichnamigen Ausstellung zu tun haben. Zur Erinnerung: Dieses Land ist nicht seine Heimat, sondern das Land, in dem er seit langem lebt… Der folgende Text ist kein Interview, sondern vielmehr ein Spiel, eine Methode, Distanz zu wahren, Fakten zu interpretieren – natürlich auf vollkommen subjektive Weise. Übrigens: er ist nicht nur eine Spielerei. Chantal Prod'Hom_ Direktorin, mudac

Quand je lève les yeux de mon écran, je vois un flot ininterrompu de voitures qui avancent lentement, pare-chocs contre pare-chocs, sur le pont Williamsburg. Des camions et fourgonnettes de toutes tailles arborent le logo de leur entreprise, grande ou moins grande. On dirait des panneaux d'affichage roulants. Des images géantes représentant un canapé, une ampoule, une pomme de terre, un sac de ciment et bien d'autres articles de la vie de tous les jours traversent le pont. C'est une vision surréaliste, mais elle est en même temps très familière, pour ne pas dire «normale». Peut-être que nous, designers, sommes comme ces camions. Nous sommes animés par la conviction que la beauté intrinsèque passe inaperçue dans la vie courante et que notre rôle est de la mettre en évidence. Nous regardons les objets familiers sous un autre jour et aspirons à réveiller le sens de l'émerveillement et de la découverte chez les gens. Notre moteur, c'est de créer un objet de désir qui sorte du lot dans un marché complètement saturé.

M / COMME MÉMOIRE ET MONUMENT

Joseph Conrad écrivait que «L'esprit de l'homme est capable de tout – parce que tout y est, aussi bien tout le passé que tout l'avenir». Dans la création de design, mémoire et invention sont indissociables. Pour ma part, je suis convaincu que tout nouvel objet est imprégné de mémoire, mais certains designers préfèrent mettre en avant l'aspect «nouveauté», comme si le fait d'occulter la mémoire rendait leur œuvre plus séduisante.

Il y a quelques années, j'ai eu envie d'aborder un thème peu exploré à ce jour, celui des souvenirs, produits empreints non seulement de mémoire, mais aussi de sentiment personnel. Ces deux composantes ont un lien émotionnel tellement puissant que, souvent, des objets apparemment inutiles sont conservés précieusement pendant des années. C'est là un aspect que les designers industriels ne devraient pas négliger.

E / COMME EXPÉRIMENTATION ET EXPERTISE

Il y a bien des années de cela, nous avons adopté dans mon studio un mode de travail particulier. De temps en temps, nous réalisons des projets expérimentaux sans penser à un client en particulier, dans le but de résoudre des problèmes qui nous semblent importants à ce moment-là. Nous les présentons ensuite lors d'expositions ou dans des publications. Quelques-unes des créations les plus connues figurant dans cet ouvrage ont été pensées et réalisées de cette manière. De fait, notre réputation d'«expérimentateurs» s'est un peu retournée contre nous. Trop de chefs d'entreprise hésitent à faire appel à nous, redoutant que nos créations ne ternissent l'image de leur société. Par chance, j'ai aussi rencontré quelques clients visionnaires que l'innovation et la créativité n'effraient pas. C'est grâce à leur audace, mais aussi à leurs conseils, que bien des produits innovateurs – qui se sont révélés des succès – ont pu voir le jour. Dans le domaine du design, l'expérimentation et l'expertise (c'est-à-dire le savoir-faire) sont aussi importantes l'une que l'autre.

La première exposition américaine présentée dans un parc de Moscou date de 1959. Le designer George Nelson avait installé sept écrans géants en forme de télévisions à l'intérieur du dôme de Buckminster Fuller. Des milliers de visiteurs y regardaient en silence Glimpses of the U.S.A. (Aperçus de l'Amérique), un film multi-écrans impressionnant réalisé par Charles et Ray Eames. Âgé de quatre ans à l'époque, je ne garde pas beaucoup de souvenirs de l'exposition proprement dite, mais j'ai conservé un catalogue sur papier glacé et un insigne qui faisait l'objet de bien des convoitises. Rétrospectivement, je réalise que ces «aperçus» dont je me souviens à peine sont restés fixés dans ma mémoire pendant des années, prenant une valeur quasi mythique.

Cette fascination pour l'Amérique, je n'étais pas le seul à la ressentir. Tout au long du 20e siècle, ce pays a été pour nombre de gens à travers le monde synonyme de promesse, d'alternative, d'espoir, de perspectives et d'ouverture. Pour un citoyen soviétique, en pleine guerre froide, il incarnait aussi le lieu de tous les dangers, débordant d'effervescence et lourd de menaces inconnues. Emigrer aux États-Unis, c'était transgresser tous les interdits.

Lorsque j'y suis arrivé, la réalité était bien sûr très différente de ce que j'avais imaginé. Le choc culturel – que j'ai mis longtemps à digérer – m'a conféré un statut d'observateur particulier, remarquant toutes sortes de choses qui passent souvent inaperçues du fait de leur proximité immédiate. Pendant plus de quinze ans, ma femme et associée Laurene Leon Boym, américaine pur sucre, m'a servi de guide et d'initiatrice dans les méandres et les contradictions de la vie américaine. Cette expérience trouve sa réalisation dans le travail de notre studio.

On explique souvent les projets réalisés par mon studio en faisant référence à mon passé russe. Russo-juif serait plus juste. La judaïcité ne se limite pas à la croyance religieuse, ni même aux origines culturelles: elle empreint tous les traits de la personnalité et conditionne les réactions aussi bien mentales qu'émotionnelles. Lorsque le postmodernisme s'est imposé dans les années 1980, il a parfois été qualifié de mouvement juif, parce que ses principales caractéristiques – l'ironie, le double sens et la déconstruction – étaient celles des intellectuels juifs. Ces qualités ont toujours été les fondements de ma conception du design.

En dépit de l'aliénation qu'ont subie les Juifs, l'humour joue un grand rôle dans leur perception de la réalité. J'en veux pour preuve les films immortels de Charlie Chaplin ou, plus près de nous, la série télévisée du comique Jerry Seinfeld, qui a fait rire toute l'Amérique en présentant la vie quotidienne d'un petit groupe d'amis, et ses aléas. Comme le disait mon ami et collaborateur occasionnel, l'artiste Alex Melamid, la vérité est drôle. En effet, je crois que nous pouvons analyser des problèmes très sérieux de la société d'aujourd'hui sans perdre le sens de l'humour.

Il est aujourd'hui communément admis que le design fait partie intégrante de la culture. Une collection d'objets design est d'ailleurs exposée au Musée d'art moderne de New York, qui a rouvert ses portes récemment. Mais la culture ne se limite pas au MoMA. Le meilleur de la culture américaine, qu'elle soit «haut de gamme» ou «bas de gamme», est le fait de représentants des milieux les plus divers, tant sexuels qu'ethniques, animés par un esprit de controverse et de rébellion. Le design participe rarement de cette vitalité culturelle. Des thèmes universels comme la violence, la mort, voire le sexe, y sont tabous.

Même le monde des enfants, source inépuisable de créativité et de facéties, n'a guère sa place dans le design conventionnel. Et pourtant… Depuis la naissance de notre fils Bobby, son imagination et sa liberté de création ne cessent de nous inspirer, Laurene et moi. Bien des produits et des lieux d'exposition «sérieux» nous ont été suggérés par des jouets, des jeux et des personnages enfantins. Ils n'en ont pas moins été très bien accueillis par le public adulte.

A / COMME ANONYMAT ET AUTHENTICS

De nombreux designers aspirent à se créer leur propre style. Notre société, «accro» à la mode, adopte les différents styles qui lui sont proposés, mais s'en lasse rapidement. En l'espace de quelques saisons, les produits sont, au mieux, relégués sur eBay. A l'inverse, les objets anonymes de qualité intemporelle ne se démodent pas. Les designers devraient donc peut-être s'attacher à créer et réinterpréter des objets hors mode, qui puissent avoir plusieurs sens et plusieurs usages.

Prenez la série de récipients en plastique que nous avons créés pour Authentics en 1995. Leur lancement sur le marché a provoqué quelques froncements de sourcils en raison de leur «absence de design». Hansjerg Maier-Aichen ne partageait pas cet avis. Pour lui, si ces articles n'avaient effectivement rien de très spécial ni de très nouveau, ils avaient en revanche la qualité emblématique du design. A ses yeux, ces boîtes étaient le produit des connaissances accumulées au cours des quarante dernières années. Et il se trouve qu'elles ont survécu aux tendances de la mode, au changement de propriétaire de l'entreprise, à la concurrence et aux braderies. Dix ans plus tard, alors que tous les objets en polypropylène transparent aux couleurs pastel ont disparu du marché, elles continuent d'être fabriquées, en noir mat. Selon Jasper Morrison, un designer dont j'admire le travail, les objets ne devraient pas refléter l'ego de leurs auteurs. A New York, je vois beaucoup d'objets anonymes magnifiques chaque fois que je vais dans un magasin de matériel informatique. Ils continuent de m'inspirer comme ils l'ont fait en 1981, l'année où j'ai découvert l'Amérique.

A / LIKE ADVERTISING AND (BIG) APPLE

As I lift my eyes from my computer screen, I see outbound traffic creeping along the Williamsburg Bridge. Trucks and vans of different sizes are like slowly moving billboards, showing off the logos of their big and small businesses. A row of visual images—a sofa, a light bulb, a potato, a sack of cement—conventional items of daily use—are blown to huge dimensions and travel across the bridge. A surreal sight, yet very familiar and normal.

Perhaps we designers are just like those trucks. We are driven by a belief that intrinsic beauty lies unnoticed in the ordinary—and it is the designer's role to bring it out. We aspire to look at familiar, conventional things in a new light, to awaken people's sense of wonder, and to invite a thrill of discovery. Ultimately, it is a drive to create an object of desire that irresistibly stands out in a completely saturated market.

M / LIKE MEMORY AND MONUMENT

"The mind of man is capable of anything—wrote Joseph Conrad—because everything is in it, all the past as well as all the future." Memory and invention are inseparable in the design creation. I believe that memory is embedded in every new object. Some designers prefer to emphasize the "newness", as if suppressing memory would make their work more appealing. A few years ago, I was attracted to the much-ignored product genre of souvenir. In a souvenir, a manufactured memory is supplemented by a personal sentiment. These two components form such a powerful emotional bond, that the seemingly useless objects are often kept for years as precious keepsakes. Industrial designers can learn a good lesson from a souvenir.

E / LIKE EXPERIMENT AND EXPERTISE

Years ago, my studio assumed a particular mode of working. From time to time we make experimental projects, with no client in mind, trying to solve issues that seem important at the moment. These projects are made public through exhibitions and publications. Some of the better-known designs in this book have been conceived and made that way. Our "experimental" reputation has become a mixed blessing, though. Too many corporate executives see my studio as a "wild card", as a presumed threat to their corporate integrity and status quo. Fortunately, I was also able to meet a few clients with a vision, those who were not afraid of innovation and radical creativity. Thanks to their daring and guidance, many successful and innovative products and environments have come into being. Design as a field needs experiment and expertise in equal measure.

In 1959, the first-ever American Exhibition took place in a Moscow park. Inside Buckminster Fuller's dome, designer George Nelson had installed seven enormous TV-shaped screens. Thousands silently watched Glimpses of the U.S.A., an awesome multi-screen film made by Charles and Ray Eames. As a four-year-old, I do not remember much of the exhibition. But I did hold on to a glossy American catalogue, along with a much-coveted exhibition button. In retrospect, those barely-remembered "glimpses" had stayed with me for years, acquiring an almost mythological status.

In this fascination, I was not alone. For much of the world, throughout the entire twentieth century, America has epitomized a promise, an alternative, a land of hope and opportunity. For a Soviet citizen in the midst of the Cold War, it also felt like an intoxicatingly dangerous place, full of unknown excitements and threats. Emigration to America had all the irresistible appeal of trespassing.

Obviously, I encountered a very different place that I had imagined. My prolonged cultural shock has conditioned a particular status of an observer, capable of noticing and reflecting on things that often pass unnoticed because of their very proximity. For more than fifteen years, Laurene Leon Boym, my very American wife and design partner, has been my inspiring guide through the intricacies and contradictions of the American reality. This lifetime experience finds realization in our studio's design work.

I / LIKE IRONY AND ISRAEL

Often, my studio's projects are explained with reference to my Russian past. A more correct designation would be to call it Russian-Jewish. One's Jewishness is not limited by a person's religious belief, or even by a cultural background; it penetrates all traits of personality, conditioning one's mental attitude and emotional outlook. When Post-Modernism took hold of the world's culture in the 1980s, it was sometimes referred to as a Jewish movement, because its major tenets—irony, double coding, deconstruction—closely corresponded to traditions of intellectual Jewish experience. These qualities have established a permanent framework for my own design thinking.

In spite of Jews' existential alienation, humor plays a big part in their perception of reality. Think, for example, of the immortal films of Charlie Chaplin. Closer to our times, Jerry Seinfeld has made America laugh at trivial details of everyday life. "Truth is funny," my friend and some-time collaborator, artist Alex Melamid, used to say. Indeed, I believe that we can look into very serious problems of today's society without losing a sense of humor.

C / LIKE CULTURE AND COUNTERCULTURE

Today, it is generally accepted that design is an important part of culture. A design collection is prominently displayed in the newly re-opened Museum of Modern Art in New York. Yet culture at large is not delimited by MoMA. The best of American culture samples "high" and "low", borrows from all kinds of sexual and ethnic margins, embraces controversy and rebellion. Design rarely partakes in this cultural vitality. Universal human themes of violence, death, or even sex, are considered "untouchable", a design taboo.

Even the world of children, full of endless crazy creativity and mischief, is at best positioned at the margins of conventional design practice. After the birth of our son Bobby, both Laurene and I have found inspiration in the creative freedom of a child's imagination. We have based "serious" designs for products and showrooms on children's toys, games and characters. These designs prove surprisingly popular with grown-up audiences.

A / LIKE ANONYMITY AND AUTHENTICS

For many designers, the ultimate professional goal is creation of a personal signature style. Our fashion-oriented society embraces and then quickly consumes these styles. In a matter of few seasons, they are at best consigned to E-Bay. In the meantime, the anonymous objects of timeless quality stay on. It is perhaps worthwhile to concentrate one's design efforts on creating and re-interpreting objects beyond fashion, objects that can acquire a variety of meanings and uses.

Have a look at the set of plastic containers that we created for Authentics in 1995. When they were introduced on the market, they raised a few eyebrows for their presumed "absence of design". "Nothing about this set is extremely special or new—wrote Hansjerg Maier-Aichen—yet it has the quality of an unmistakable design icon. It shows knowledge of all these container boxes designed in the last 40 years." These simple blocks survived fashion trends, change of the company ownership, competition and knock-offs. Ten years later, when all pastel-colored translucent polypropylene has gone from the market, our containers are still produced—in matte black.

Jasper Morrison, a designer whose work I admire, has called for objects to be "free of their authors' ego." In New York, I see many of such beautiful anonymous objects on every trip to a hardware store. They continue to inspire me just as they did in 1981, the year of my discovery of America.

Wenn ich von meinem Computerbildschirm aufschaue, sehe ich die Autokolonnen, die im Schneckentempo über die Williamsburg Bridge ins Land fahren. Kleine und große Last- und Lieferwagen tragen die Logos und Werbungen ihrer Firmen wie langsam dahinkriechende Plakatwände. Eine Reihe von Abbildungen – ein Sofa, eine Glühbirne, eine Kartoffel, ein Sack Zement – fahren über die Brücke wie riesenhaft aufgeblasene Gegenstände des täglichen Gebrauchs. Eigentlich ein surrealer Anblick und dennoch vertraut und normal. Vielleicht sind wir Designer genau wie diese Lastwagen. Wir werden von dem Glauben angetrieben, dass wahre Schönheit unbemerkt in allem Alltäglichen steckt und es die Aufgabe des Designers ist, sie sichtbar zu machen. Wir möchten vertraute, gewöhnliche Dinge in einem neuen Licht sehen, die Menschen zum Staunen anregen und ihnen Entdeckerfreude verschaffen. Letzten Endes sind wir stets vom Drang getrieben, ein Objekt der Begierde zu kreieren, das in einem vollkommen gesättigten Markt aus der Masse herausragt.

M / WIE MEMORY UND MONUMENT

„Der Geist des Menschen ist zu allem fähig", schrieb Joseph Conrad, „weil er alles umfasst, die Vergangenheit ebenso wie die ganze Zukunft." Erinnern und Erfinden sind im Designprozess unauflöslich miteinander verbunden. Ich denke, dass Erinnerungen in jedes neue Erzeugnis einfließen. Manche Designer ziehen es vor, die „Neuheit" zu betonen, als ob die Unterdrückung von bereits Bekanntem, Erinnertem ihre Kreationen attraktiver machen würde.
Vor einigen Jahren begann ich mich für die vernachlässigte Produktsparte der Souvenirs zu interessieren. Ein Andenken ist ein Gegenstand der Erinnerung, ergänzt durch persönliche Gefühle. Erinnerung und Emotion gehen dabei eine so starke Verbindung ein, dass die ganz offensichtlich nutzlosen Nippes jahrelang wie Kostbarkeiten gehütet werden. Industriedesigner können viel von einem Souvenir lernen!

E / WIE EXPERIMENT UND EXPERTISE

Vor Jahren haben wir uns in meinem Büro eine besondere Arbeitsmethode angewöhnt. Von Zeit zu Zeit erarbeiten wir ein Projekt, ohne an einen bestimmten Kunden zu denken, und versuchen Designaufgaben zu lösen, die wir für aktuell und wichtig halten. Die Ergebnisse dieser Experimente veröffentlichen wir dann in Ausstellungen und Publikationen. Einige der in diesem Buch vorgestellten Produkte sind so entstanden. Unser guter Ruf als „Experimentierer" hat aber auch seine Schattenseiten. Allzu viele Unternehmer und Manager sehen mein Studio nur als „komische Nummer" und daher als Bedrohung der Integrität und Position ihrer Firma. Zum Glück habe ich aber auch einige Kunden mit einer Vision gefunden, die keine Angst vor Innovationen und radikaler Kreativität haben. Ihrem Mut und ihrer Führung ist es zu verdanken, dass viele erfolgreiche und innovative Produkte und Raumgestaltungen realisiert worden sind. Ich finde, der Beruf des Designers erfordert zu gleichen Teilen Experiment und Expertise.

R / WIE ROUTE UND RUSSLAND

1959 fand die allererste Amerika-Ausstellung in einem Moskauer Park statt. In Buckminster Fullers geodätischer Kuppel hatte der Designer George Nelson sieben riesige Leinwände in der Form von Fernsehbildschirmen aufgebaut. Tausende sahen Glimpses of the U.S.A., eine äußerst beeindruckende Multivisions-Produktion von Charles und Ray Eames. Da ich damals erst vier Jahre alt war, erinnere ich mich nur bruchstückhaft an die Ausstellung. Aber ich konnte mich nie von dem Hochglanzkatalog und dem heiß begehrten Ausstellungsbutton trennen. Rückschauend muss ich sagen, dass mich die vage erinnerten „glimpses" – die flüchtigen Blicke – jahrelang begleiteten und für mich fast mythischen Wert bekamen. Mit dieser Faszination war ich nicht allein. Für viele Menschen in aller Welt war Amerika im 20. Jahrhundert der Inbegriff viel versprechender Alternativen, ein Land der Hoffnung und Möglichkeiten. Für einen Sowjetbürger erschien es mitten im Kalten Krieg aber auch wie ein berauschend gefährliches Land voller unbekannter Abenteuer und Bedrohungen. Die Auswanderung nach Amerika hatte denselben unwiderstehlichen Reiz wie ein Warnschild gegen „Unbefugtes Betreten". Natürlich war dann das Land ganz anders als ich es mir vorgestellt hatte. Mein anhaltender Kulturschock hat mich in den besonderen Status eines Beobachters versetzt, der Dinge bemerkt und über Dinge nachdenkt, die anderen nicht auffallen, weil sie „zu nahe dran" sind. Seit über fünfzehn Jahren inspiriert mich Laurene Leon Boym – meine typisch amerikanische Frau und Studiopartnerin – und führt mich durch die Verwick-lungen und Widersprüche der amerikanischen Realität. Und diese Lebenserfahrungen finden ihren Niederschlag in den Designs unseres Büros.

I / WIE IRONIE UND ISRAEL

In Beschreibungen unserer Produktdesigns wird häufig meine russische Herkunft zitiert. Korrekter wäre, sie als russisch-jüdisch zu bezeichnen. Das „Jüdische" eines Juden erschöpft sich nicht in seinem religiösen Glauben oder kulturellen Hintergrund. Es durchdringt alle Züge seiner Persönlichkeit und konditioniert seine gesamte rationale und emotionale Lebenseinstellung. Als die Postmoderne in den 1980er Jahren die Weltkultur eroberte, hat man sie vielfach als „jüdische Bewegung" bezeichnet, weil ihre Hauptpositionen – Ironie, Doppelcodierung, Dekonstruktion – eng mit der Geistesgeschichte des Judentums verwandt waren. Diese Grundzüge bilden auch den ständigen Hintergrund meiner eigenen Designphilosophie. Trotz der existenziellen Isoliertheit der Juden spielt Humor in ihrer Wahrnehmung der Wirklichkeit eine große Rolle. Man denke nur an Charlie Chaplins unvergessliche Filme. In jüngerer Zeit hat Jerry Seinfeld die Amerikaner mit trivialen Alltagsszenen zum Lachen gebracht. „Wahrheit ist komisch", pflegte mein Freund und zeitweiliger Mitarbeiter, der Künstler Alex Melamid, zu sagen. Ja tatsächlich, ich glaube wir können uns durchaus mit den wirklich ernsten Problemen unserer heutigen Gesellschaft auseinandersetzen, ohne den Sinn für Humor zu verlieren.

K / KULTUR UND SUB-KULTUR

Heute wird allgemein akzeptiert, dass Design ein wichtiger Teil jeder Kultur ist. Das kürzlich wieder eröffnete Museum of Modern Art in New York zeigt seine Designsammlung an prominenter Stelle, aber Kultur beschränkt sich nicht auf das, was das MoMA ausstellt. Die besten Beispiele der amerikanischen Kultur finden sich in allen Bereichen, ob „hoch" oder „niedrig" angesiedelt, angeregt von allen möglichen sexuellen und ethnischen Rändern der Gesellschaft – Kontroversen und Revolten nicht ausgeschlossen. Die universellen Themen Gewalt, Tod und sogar Sex gelten als „unberührbar", als Design-Tabus. Selbst die Welt der Kinder – voll verrückter Kreativität und kreativer Streiche – wird bestenfalls an den Rand der üblichen Designpraxis verwiesen. Seit der Geburt unseres Sohnes Bobby haben Laurene und ich uns von der schöpferischen Freiheit und Phantasie von Kindern inspirieren lassen und haben zum Beispiel Spielzeug, Spiele oder Spielfiguren zum Ausgangspunkt „ernsthafter" Produktdesigns und zur Gestaltung von Ausstellungsräumen gemacht, die bei Erwachsenen erstaunlich großen Anklang gefunden haben.

A / WIE ANONYMITÄT UND AUTHENTICS

Für viele Designer besteht das höchste berufliche Ziel in der Entwicklung eines erkennbaren persönlichen Stils. Unsere modebewusste Gesellschaft übernimmt diese Stile und verbraucht sie rasch. Nur wenige Saisons später sind sie bestenfalls noch bei EBay zu finden, während Gegenstände von zeitloser Qualität, aber ohne Designerlabel, überdauern. Deshalb ist es vielleicht der Mühe des Designers wert, an allen Moden vorbei Objekte zu schaffen oder neu zu interpretieren, die dann eine Vielzahl von Bedeutungsinhalten und Verwendungen bieten.

Schauen Sie sich einmal den Satz Plastikbehälter an, den wir 1995 für die Firma Authentics entworfen haben und deren „Designlosigkeit" bei ihrer Markteinführung einige Augenbrauen hochschnellen ließen. Hansjerg Maier-Aichen meint, nichts an diesem Set sei irgendwie besonders oder neu und doch habe es das Zeug zu einer unverwechselbaren Design-Ikone. Es zeige, dass der Designer sämtliche in den letzten vierzig Jahren entworfenen Plastikbehälter gekannt habe. Diese schlichten Boxen haben alle Modetrends und Wechsel unternehmerischer Besitzverhältnisse, Wettbewerb und Preisverfall überlebt. Nach zehn Jahren, in denen alle Behälter aus pastellfarbenem durchscheinendem Polypropylen vom Markt verschwunden sind, werden unsere matt schwarzen immer noch produziert. Der Designer Jasper Morrison, dessen Arbeiten ich bewundere, hat Objekte gefordert, die „vom Ego ihrer Schöpfer befreit" sind. Bei jedem Besuch eines New Yorker Geschäfts für Haushaltswaren entdecke ich viele schöne Gegenstände von unbekannten Gestaltern. Sie inspirieren mich heute noch genauso wie schon 1981, als ich persönlich Amerika entdeckte.

Use-It Containers_ 1995, produit par Authentics, 2003, en noir mat.

Use-It Containers_ 1995, produced by Authentics, 2003, in mat black.

Use-It Containers_ 1995, Hersteller: Authentics, 2003, mattschwarz.

Past

MEDICINE
CABINETS
TOPLIGHTS
BATHROOM
SINKS
VANITIES
$2375
SOLID OAK
TOILET SEAT
$11
ST TAHITI SPA
$2720
WE DELIVER 7 DAYS A WEEK

Pour le touriste, l'étranger ou l'immigrant qui y viennent pour la première fois, l'Amérique est le pays de tous les possibles et de tous les contrastes. Ce monde quasi surréel peut être choquant au premier abord, mais ce sont souvent ces caractéristiques mêmes qui les attirent. Il en fut en tout cas ainsi pour Constantin Boym. Après des études d'architecture à Moscou et un séjour à Milan, où il découvre une nouvelle manière de pratiquer le design et étudie avec le designer néo-primitif Andrea Branzi, il s'installe à Boston en 1981, puis à New York en 1985. Fasciné par la culture occidentale, il aspire à transformer, réinventer et revaloriser tout ce qui l'entoure, vivant à sa manière «son» rêve américain. Cet ex-Moscovite conserve certes une part de scepticisme à l'égard de son nouveau pays, mais il déborde néanmoins de l'énergie et de l'optimisme propres à tout nouvel arrivant et prend rapidement conscience du potentiel que recèle son nouvel environnement à Manhattan. Un révolutionnaire n'aime cependant pas faire cavalier seul. Résultat: en l'espace de quatre ans, il crée le bureau de design Red Square avec Lev Zeitlin, collabore au magazine ID – ce qui lui vaut le premier d'une longue série de prix –, expose à la très en vogue Gallery 91 de SoHo, lance la maison de meubles Nota Bene, ferme Red Square, puis Nota Bene, fonde le studio Boym et enseigne à la Parsons School of Design, où il rencontre sa future femme et associée Laurene Leon.

Que représente le fait de devenir Américain lorsque, comme Constantin, on est né et qu'on a grandi dans un pays dont l'idéologie était tout récemment encore à l'opposé de celle des États-Unis? Qu'est-ce que cela représente d'adopter la culture américaine et d'en faire le sujet principal de sa création, de passer d'un empire prétendument diabolique à un autre, de quitter les périls d'un socialisme larvé pour les pièges d'un capitalisme galopant?

À ces questions complexes, Constantin a apporté au fil des années des réponses qui l'étaient tout autant. Mais une chose est sûre: le dynamisme, l'abondance de biens matériels et la liberté de choix, spécificités de la culture américaine, ont joué dans son œuvre un rôle déterminant. Ses projets ont même mis en évidence – souvent avec brio – les faces cachées de la société de surconsommation américaine. Tout comme les architectes Robert Venturi et Denise Scott Brown qui, après avoir étudié l'affichage polychrome de Las Vegas, en avaient donné une nouvelle interprétation, Constantin a exploré les formes les plus banales qui foisonnent aujourd'hui au point de passer souvent inaperçues. Sa démarche est néanmoins différente: plutôt que de concentrer son attention sur un aspect d'une seule ville, il a élargi son champ d'observation à la vie domestique en son entier. De nos jours, son approche de la culture, à la fois anthropologique, empathique et matérielle, est encore peu courante. Elle ne va cependant pas tarder à devenir incontournable car, dans notre monde saturé d'images et d'objets, les entreprises cherchent de plus en plus à miser sur l'authenticité pour se démarquer de leurs concurrentes.

La méthode appliquée par Constantin est semblable à celle des musiciens de rap et de hip-hop: partir de choses existantes, mais les utiliser comme un matériau brut et les transformer en des produits originaux et familiers à la fois.

Les réinterprétations de Constantin n'ont certes jamais reçu l'équivalent du disque de platine, mais elles ont donné à des objets que nous pensions tous connaître un sens nouveau. À l'image d'Afrika Bambata, de Grandmaster Flash et d'autres DJ, qui ont fait œuvre de pionniers et changé à tout jamais la nature de la musique contemporaine, Constantin – et quelques autres designers de même veine comme Ettore Sottsass et Marcel Wanders – a ouvert depuis les années quatre-vingt un nouvel univers de possibilités créatrices, en postulant que le design s'inspire de la vie. Ni plus ni moins. Il n'est plus nécessaire – ni même souhaitable – d'inventer ou de créer des nouveautés. Une des principales qualités du 21e siècle pourrait d'ailleurs bien être de démontrer qu'il est plus pertinent – tant d'un point de vue écologique que culturel – de créer et de fabriquer en réinventant et re-contextualisant, exactement comme il le fait.

Constantin, qui a percé à jour la quintessence des créations culturelles américaines, a fait de la démocratie, de l'appropriation et de la mémoire les principes fondateurs du studio Boym. Au début, il est parti d'objets à la portée de tous – récipients pour détergents, vaisselle fabriquée en série, souvenirs kitsch – auxquels il a porté attention et respect et, partant, conféré un nouveau statut. Il nous a fait réaliser que notre rapport aux choses du quotidien est ce qui nous relie à notre passé, notre présent et notre futur, que ce sont ces choses qui nous définissent le mieux. Subversif, imprévisible et ironique: tels sont les adjectifs qui définissent le mieux le subtil équilibre qu'a atteint le langage artistique de Constantin. Ces trois qualités ressortent notamment de deux créations récentes, très différentes l'une de l'autre. Son projet Crystal Rugs (2004) tout d'abord, réalisé pour Swarovski: cet assemblage de cristaux tressés, évoquant une tapisserie qui scintille par le jeu de la rampe de lumières sur laquelle elle est disposée, nous incite à revoir notre conception du lustre traditionnel. Son Paper Cup (2004) ensuite, imaginée pour Conduit: cette œuvre, référence humoristique à la bouteille classiquement emballée dans du papier, démontre qu'il est possible, même pour des objets des plus banals, de trouver des solutions astucieuses qui, tout en conservant leur usage premier, suscitent des questions quant à leur sens sous-jacent… pour autant que nous y prêtions attention. Il constitue en outre un bel hommage au désormais légendaire presse-papier créé par Tibor Kalman en 1984 et réalisé à partir d'une feuille de papier chiffonné.

De par sa nature, Constantin a toujours vu le design comme une philosophie plutôt que comme un style. Pour preuve l'exposition présentée à Philadelphie en 2002 pour What is Design Today?, dont le but était de gommer la frontière entre experts et profanes. De grands Post-it® avaient été placés çà et là pour permettre aux visiteurs de commenter l'un ou l'autre objet, pour ouvrir le dialogue. Le résultat fut édifiant: il y est apparu que les gens avaient une opinion sur le design contemporain, mais qu'ils n'avaient tout simplement eu aucun moyen de l'exprimer jusque-là.

À mes yeux, les explorations conceptuelles de Constantin, de même que ses produits et ses installations dans les musées, jouent un rôle capital dans une profession aujourd'hui largement influencée par les lois du marché.

L'ensemble de son œuvre privilégie la conceptualisation du design pour le design et témoigne que ses défis importants ne lui sont pas posés par des clients mais par lui-même, par son souhait de se réapproprier les objets de la culture américaine et d'en réinterpréter le contenu, quitte à risquer de faire fausse route.

Comme celles de Charles Eames et George Nelson avant lui, les créations de Constantin sont un modèle pour chacun de nous. Elles nous apprennent comment regarder, comment observer attentivement les objets qui nous entourent et comment découvrir le nombre incalculable de possibilités qu'ils recèlent. C'est là que réside le génie de Constantin: dans sa capacité à nous faire réaliser, toujours et encore, que la culture américaine est une seule et même entité, qu'elle soit «haut de gamme» ou «bas de gamme». Constantin a perçu avant la majorité des autres designers qu'il était capital d'être conscient de ce phénomène pour créer des objets qui expriment les vérités premières de notre époque. Dès le départ, il a toujours considéré chaque projet – petit ou grand, financé ou non – comme une expérience de recherche culturelle pouvant nous révéler quelque chose de nouveau sur nous-mêmes. Aussi étrange, ironique et volontairement naïve, voire enfantine soit-elle parfois, l'œuvre de Constantin est en fait révolutionnaire: non seulement elle va à contre-courant de l'évolution souvent trop sage que connaît le monde du design actuel, mais elle incarne avec vigueur l'espoir, la curiosité et l'optimisme, trois qualités devenues mythiques qui ont toujours caractérisé l'Amérique. Steven Skov Holt_ professeur de design industriel au California College of the Arts/CCA à San Francisco

Viewed from the outside looking in—as a tourist, alien or immigrant might experience it—America presents both wide-open frontiers of opportunity as well as equally obvious landscapes of surreal juxtaposition. To the newly-arriving visitor, the beyond-belief, post-credible contrasts can be shocking. But they can also be the reason for coming in the first place, as they were for Constantin Boym. Trained as an architect in Moscow, he came to the United States by way of Milan where he was shown a different model for the practice of design and deeply influenced by his studies with neo-primitivist designer Andrea Branzi. Fascinated by the western cultural condition—and in search of transformation, reinvention, a worthwhile cause, and his own shot at the American Dream—Constantin came first to Boston in 1981 and then to New York City in 1985 where he has been ever since.

Armed with both the optimistic energy of the recently transplanted resident and with the skeptical point of view of an ex-Muscovite, Constantin quickly grasped the potential of his new Manhattan environs. But a revolutionary cannot do his work alone, and within a four-year span, he set up the design firm Red Square with Lev Zeitlin, connected with ID magazine and won his first annual design award, began showing work at SoHo hot-spot Gallery 91, started the furniture company Nota Bene, closed Red Square, closed Nota Bene, started Boym Studio, and met his future wife (and partner-to-be in Boym Studio) Laurene Leon while teaching at Parsons School of Design.

But what does it mean to become American—especially for someone like Constantin who was born and raised in a country considered until only recently to be the ideological opposite of the United States? What does it mean to embrace American culture as one's primary subject matter, trading one purported evil empire for another, the perils of creeping socialism for the pitfalls of galloping capitalism?

This is not a simple question, and Constantin's answers over the years have been correspondingly complex. Dynamism, material abundance and the freedom of choice associated with American culture have played significant roles in his work. Even more, his projects have celebrated—often brilliantly—the hidden corners of America's hyper-consumptive society. Like the architects Robert Venturi and Denise Scott Brown before him who famously surveyed the polychromatic contours of Las Vegas signage for newfound meaning, Constantin has consciously probed the banal, ordinary and often neglected forms that exist in enormous numbers in today's world. But instead of focusing exclusively on one part of one city, his focus on domestic life has been more diffuse. The anthropological, empathic, material culture-based approach that Constantin represents is still highly uncommon today, but it is one that will be increasingly needed in the coming years as businesses everywhere seek to gain position, authenticity and relevance in our image- and object-saturated world.

In a method akin to rap or hip-hop music, his projects sampled already manufactured goods and used them as the raw materials for a new kind of familiar-but-strange series of products. Although Constantin's reformulations never achieved the equivalent of platinum-album status, his products gave new meaning to things that we all thought we already knew. Like Afrika Bambata, Grandmaster Flash and the other DJs and pioneers who forever changed the nature of contemporary music, what Constantin has done since the 1980s—along with kindred design spirits such as Ettore Sottsass and Marcel Wanders—is open up a whole new universe of creative possibilities based on the proposition that design is about life. Nothing more and nothing less. It is no longer necessary—or even desirable—to invent or make something new. One of the salient qualities of our new 21st-century era may well turn out to be that it makes more environmental sense, as well as is more culturally relevant, to create and manufacture—as Constantin's projects propose—by way of reinvention and re-contextualization.

By plumbing the depths of quintessentially American cultural creations, Constantin has made democracy, appropriateness and memory part of the founding principles of Boym Studio's design platform. By beginning with objects that were available to all—the everyday detergent container, the mass-produced dish, the kitschy souvenir—and treating them as objects worthy of research and reverence, he has elevated them to a new status. In doing so, Constantin has reminded us that it is most often our relationship to everyday things that connects us to our past, present and future — in short, these are the things that most define us.

Constantin's artistic voice has become one that achieves a delicate balance between subversion, clever inversion of expectation and ironic delight. Two recent, yet very different projects fuse these three qualities to great effect; the Crystal Rugs project for Swarovski (2004) is a collection of crystals that have been woven together and function more like a sparkling carpet draped over a rod of lights, essentially flattening our preconceived notions of the traditional chandelier. On the opposite side of the spectrum, his Paper Cups for Conduit (2004) are a witty reference to the old classic "bottle in a paper bag", proving that even the most banal of subjects can lead to clever solutions that not only serve the purpose, but ultimately question the deeper meaning of our objects—provided we're paying attention. In this way, the Paper Cup seems a fitting homage to the late Tibor Kalman's now iconic wadded-up legal paper paperweight from 1984.

By nature, Constantin has always favored a philosophy of design rather than a style of design. This was demonstrated in the exhibition design (2002) for What is Design Today? Shown in Philadelphia in a repurposed space, the exhibition sought to erase the line between expert and casual audience member. Areas were given over to large Post-Its® for visitors to add comments to specific designs, fostering a low-tech but surprisingly effective dialogue. It turns out that people do have opinions about contemporary design—they just have lacked any reasonable outlet for expression!

I believe that Constantin's conceptual explorations, manufactured products and museum installations play a heroic role within the space of today's market-driven profession. All of his projects privilege the conceptualization of design for its own sake, and together they reveal that the really truly important challenges for him do not come from clients but from within, from re-appropriating the objects of American culture and re-interpreting their content—even at times being willing to risk "getting it wrong just right". Like designers such as Charles Eames and George Nelson before him, Constantin's work provides a model for the rest of us on how to see, on how to look closer at what already exists and conjure an almost impossible range of possibilities from the local and the familiar. This is Constantin's genius: the ability to show again and again through designed artifacts that America's high culture is not just connected to its low culture but is intimately bound up with it. Constantin has realized ahead of almost everyone else designing today that it is only by questioning these dynamics that we can make things that tell the essential truths of our time. Since the beginning, he has remained committed to viewing every project—big or small, budgeted or not—as a kind of cultural research endeavor that has the potential to tell us something new about ourselves. Though sometimes strange, ironic, willfully naïve and even childlike, Constantin Boym's work is ultimately revolutionary because it both goes against the perceived wisdom of much of today's design practices and fervently embodies the innate hope, curiosity, and optimism that has defined America and its innumerable mythologies from the very beginning. Steven Skov Holt_ distinguished professor of industrial design at CCA/California College of the Arts in San Francisco

Von außen beziehungsweise mit den Augen von Touristen, Ausländern oder Einwanderern gesehen repräsentiert Amerika sowohl das Land (fast) unbegrenzter Möglichkeiten als auch ebenso selbstverständlich Landschaften voller surrealer Mischungen. Auf den Neuankömmling können die buchstäblich unglaublichen oder sozusagen post-glaubwürdigen Kontraste schockierend wirken. Sie können aber auch gerade der Grund sein, warum er hierher gekommen ist. Letzteres trifft auf Constantin Boym zu. Er studierte Architektur in Moskau und ging zunächst nach Mailand, wo er ein anderes Modell der Architekturpraxis erlebte und wo ihn sein Aufbaustudium unter dem Neo-Primitivisten Andrea Branzi nachhaltig prägte. Fasziniert von der westlichen Kultur, auf der Suche nach Veränderung, nach neuen Entwicklungen, lohnenswerten Zielen und voller Entschlossenheit, seinen eigenen amerikanischen Traum zu verwirklichen, kam Constantin 1981 zunächst nach Boston und ging 1985 nach New York City, wo er seitdem lebt. Ausgestattet mit der optimistischen Energie des Neubürgers und dem Skeptizismus des ehemaligen Moskauers, hatte Constantin das Potenzial seiner neuen Heimat Manhattan schnell erkannt. Ein Revolutionär kann jedoch sein Werk nicht allein vollbringen und so baute er in vier Jahren zusammen mit Lev Zeitlin sein erstes Designbüro Red Square auf, etablierte seine Verbindung zur Zeitschrift ID, gewann seinen ersten Designpreis, begann in der berühm-ten Galerie 91 in SoHo auszustellen, gründete die Möbelfirma Nota Bene, schloss das Red Square-Büro, schloss Nota Bene, gründete Boym Studio und lernte seine spätere Frau (und Mitinhaberin) Laurene Leon kennen, während er an der Parsons School of Design lehrte.

Was aber bedeutet es eigentlich, Amerikaner zu werden – besonders für jemanden wie Constantin, der in einem Land geboren wurde und aufwuchs, das noch vor kurzem als ideologischer Gegner der USA galt? Was bedeutet es, sich die amerikanische Kultur als Hauptthema zu Eigen zu machen und so ein angeblich böses Land gegen ein anderes einzutauschen – die Gefahren eines schleichenden Sozialismus gegen die Fallgruben eines galoppieren-den Kapitalismus?

Das ist keine einfache Frage, weshalb Constantins über die Jahre entwickelte Antworten entsprechend komplex sind. Mit der amerikanischen Kultur wird Dynamik, materieller Überfluss und Freiheit der Wahl assoziiert, und diese Themen spielen in seinem Werk eine bedeutende Rolle. Mehr noch: Seine Projekte beleuchten häufig auf brillante Weise die hintersten verborgenen Winkel der amerikanischen „Hyperkonsumgesellschaft". Wie die Architekten Robert Venturi und Denise Scott Brown vor ihm, berühmt für ihre Untersuchung der polychromen Reklamewelt von Las Vegas auf neue Symbolgehalte, hat Constantin bewusst die banalen, gewöhnlichen, oft übersehenen Dinge und Formen son-diert, die heute in Massen unsere Welt prägen. Er hat sich aber nicht ausschließlich auf einen Aspekt einer einzigen Stadt konzentriert, sondern – breit gefächert – auf das gesamte häusliche Leben in Amerika. Sein Werk repräsentiert einen anthropologischen, empathischen, auf Sachkultur bezogenen Ansatz, der heute noch selten ist, der aber in dem

Maße in den kommenden Jahren an Bedeutung gewinnen wird, in dem alle Arten von Unternehmen in unserer von Bildern und Dingen übersättigten Welt um Marktposition, Glaubwürdigkeit und Relevanz kämpfen.

Ähnlich wie bei Rap- oder Hip-Hop-Kompositionen bedienen sich alle seine Arbeiten bereits vorhandener Produkte oder Proben und verwenden sie als Rohmaterial für eine neue Art vertrauter und zugleich ungewohnter Produktreihen. Obwohl Constantins Neuformulierungen nicht das Äquivalent eines Platin-Albums erreicht haben, erfüllen sie Gegenstände, die wir alle schon zu kennen glaubten, mit ganz neuen Bedeutungsinhalten. Wie Afrika Bambata, Grandmaster Flash und all die anderen DJs und Pioniere, welche die zeitgenössische U-Musik auf immer verändert haben, hat Constantin seit den 1980er Jahren – wie vor ihm andere geistesverwandte Designer, etwa Ettore Sottsass und Marcel Wanders – ein ganz neues Universum kreativer Möglichkeiten erschlossen, ausgehend von der These, dass es beim Design um nichts mehr und nichts weniger als das Leben geht. Es ist nicht länger notwendig oder gar wünschenswert, etwas Neues zu erfinden oder zu produzieren. Als einer der hervorstechendsten Trends des 21. Jahrhunderts wird sich wahrscheinlich die Überzeugung herausstellen, dass es ökologisch sinnvoller und kulturell relevanter ist, so zu erfinden und zu produzieren, wie von Constantin mit seinen Projekten vorgeschlagen, nämlich durch Umfunktionieren und Kombinieren in neuen Zusammenhängen.

Indem er die Tiefen quintessenziell amerikanischer Kulturschöpfungen auslotete, hat Constantin die Plattform des Boym Studio-Designs auf den Prinzipien der Demokratie, der Zweckmäßigkeit und des Erinnerns gegründet. Indem er mit allseits verfügbaren Gegenständen – Spülmittelflaschen, Geschirrmassenware, kitschigen Souvenirs – gearbeitet und sie als Gegenstände behandelt hat, die es wert sind, erforscht und in Ehren gehalten zu werden, hat er ihnen neuen Status verliehen und uns daran erinnert, dass es häufig die alltäglichen Dinge sind, die uns mit der eigenen Vergangenheit, Gegenwart und Zukunft verbinden. Kurz: Sie zeigen am deutlichsten, wer und wie wir sind.

Constantins künstlerischer Ausdruck hat inzwischen eine feine Ausgewogenheit zwischen Subversion, cleverer Umkehrung des Erwarteten und ironischem Vergnügen erreicht. Zwei ganz verschiedene Projekte aus jüngerer Zeit verquicken diese drei Aspekte mit erstaunlicher Wirkung: die Crystal Rugs für Swarovski (2004) sind aus Glaskristallsteinen geknüpfte „Matten", die eher wie glitzernde Teppiche über einem Lichterstab wirken und all unsere traditionsverhafteten Vorstellungen vom „Kronleuchter" über den Haufen werfen. Am anderen Ende des Spektrums stellen seine Paper Cups für Conduit (2004) eine witzige Anspielung auf die klassische „Flasche in einer Papiertüte" dar und beweisen, dass selbst das banalste Thema zu klugen Lösungen führen kann, die nicht nur zweckmäßig sind, sondern letztlich den tieferen Sinn unserer Gebrauchsgegenstände hinterfragen – vorausgesetzt, wir sind aufmerksam. So erscheint der Papbecher als passende Hommage an den 1999 verstorbenen Tibor Kalman und dessen Briefbeschwerer in Form von zerknülltem liniertem Papier – heute eine Designikone.

Eine Designphilosophie zu entwickeln liegt Constantin wesensmäßig näher als einen Designstil zu pflegen. Das zeigte sich in seiner Gestaltung der Ausstellung , die 2002 in Philadelphia in einem umgenutzten Gebäude stattfand und zum Ziel hatte, die Trennung zwischen Fach- und Laienpublikum aufzuheben. Einige Ausstellungsbereiche waren für große Post-It® reserviert, auf denen Besucher ihre Bemerkungen zu bestimmten Designobjekten notieren konnten, was einen technisch simplen, aber erstaunlich effektiven Dialog in Gang setzte. Es stellte sich heraus, dass die Menschen durchaus eine Meinung über zeitgenössisches Design haben – nur kein vernünftiges Forum, um sie zu äußern!

Ich bin davon überzeugt, dass Constantins konzeptuelle Studien, Handelsprodukte und Ausstellungsarchitekturen in der heutigen marktorientierten Designwelt eine geradezu heldenhafte Rolle spielen. Alle seine Arbeiten geben dem künstlerischen Design um seiner selbst willen den Vorrang und offenbaren, dass nicht die Kunden ihm die echten großen Herausforderungen liefern, sondern er selbst in dem Bemühen, sich die amerikanische Sachkultur neu anzueignen und sie inhaltlich zu reinterpretieren, wobei er sogar gelegentlich bewusst riskiert, etwas „ganz richtig falsch zu machen".

Wie andere Designer vor ihm – etwa Charles Eames oder George Nelson – liefert Constantin uns Nicht-Designern mit seinen Arbeiten Anleitung zum „Sehen", das heißt zum näheren Betrachten der Dinge, damit wir in ihnen die fast unerschöpfliche Palette von Möglichkeiten erkennen, die das Lokale und Vertraute bieten. Amerikas Hochkultur ist mit der Alltagskultur des Landes nicht einfach nur verbunden, sondern ganz und gar verwachsen. Früher als irgendein anderer Designer hat Constantin Boym erkannt, dass wir nur dann Dinge produzieren können, welche die wesentlichen Wahrheiten unserer Zeit ausdrücken, wenn wir diese Dynamik erkannt haben. Von Anfang an hat er jedes Projekt – ob groß oder klein, finanziell abgesichert oder nicht – als eine Art Kulturforschungsprojekt behandelt, das uns etwas Neues über uns selbst erzählen kann. Seine Arbeiten sind zwar gelegentlich seltsam, ironisch, bewusst naiv, ja sogar kindlich naiv, aber dennoch revolutionär, weil sie einerseits gegen die als allein gültig angesehene heutige Designpraxis angehen und zugleich die Hoffnung, die Neugierde und den Optimismus verkörpern, die Amerika und seine unzähligen Mythen von Anfang an geprägt haben. Steven Skov Holt_ Professor für Produktdesign am Californian College of the Arts/CCA, in San Francisco

 Un jour que l'on demandait à Franklin D. Roosevelt quel livre améri-cain il mettrait entre les mains de tous les Russes si l'occasion se présentait, celui-ci avait opté non pas pour un livre, mais pour le catalogue Sears. Pendant tout le 20e siècle ou presque, ce grand magasin de vente par correspondance a été un des symboles de l'Amérique, de tous les produits de qualité, pratiques et fiables que ce pays créait et vendait. Les décennies passant, il a toutefois acquis une image d'un autre type: celle du kitsch et de la banalité. Avec le projet Searstyle, nous avons essayé de réintégrer ce langage visuel américain dans le design contemporain.

Searstyle_ 1992–94, in collaboration with Komar & Melamid, prototypes. It is said that when Franklin D. Roosevelt was asked what American book he would place in the hands of every Russian should such opportunity arise, his selection was not really a book. It was the Sears cata-log. For most of the twentieth century, Sears stood as a symbol of America, of all good, practical, and dependable things this country has created and sold. As decades rolled on, Sears became associated with symbols of a different kind: that of kitsch and banality. With the Searstyle project we attempted to bring this long-ignored American visual language back into contemporary design.

Searstyle_ 1992–94, Gemeinschaftsarbeit mit Komar & Melamid, Prototypen. Als Franklin D. Roosevelt gefragt wurde, welches amerikanische Buch er jedem Russen in die Hand drücken würde, wenn er Gelegenheit dazu hätte, soll er gar kein Buch genannt haben, sondern den Katalog des Versandhauses Sears, das im 20. Jahrhundert lange Zeit als Symbol Amerikas galt, als Inbegriff all der guten, praktischen und verlässlichen Dinge, die dieses Land produziert und verkauft. Im Verlauf von Jahrzehnten wurde Sears dann aber zunehmend mit anderen Begriffen, nämlich Kitsch und Banalität, gleichgesetzt. Mit unserem Searstyle-Projekt unternahmen wir den Versuch, diese über lange Zeit ignorierte, typisch amerikanische visuelle Ausdrucksform wieder ins zeitgenössische Design einzuführen.

 proposait une série d'articles de rechange pour ses meubles. Notre studio en a commandé un certain nombre et je les ai juxtaposés de manière originale et inattendue sur des structures que j'avais créées. Dotés d'une fonction nouvelle et de proportions inhabituelles, sans compter un brin d'ironie, ces meubles ont réactualisé l'esthétique Sears. Ils symbolisaient aussi un retour à la simplicité et au bon sens, à l'opposé de l'exubérance qui caractérisait le design à la fin des années 1980.

The Sears catalog offered a selection of furniture components as replacement parts. These furniture parts were ordered and shipped to our studio, where I put them together in new, unexpected juxtapositions, adding specially designed structural frames. The altered function and unusual proportional relationships brought the Sears aesthetics back into the present, with an ironic wink. In the context of the design exuberance of the late 1980s, this furniture offered a return to pragmatic simplicity and common sense.

Das Sears-Katalogangebot umfasste auch eine Reihe von Möbelersatzteilen. Wir bestellten diese Elemente und setzten sie in unserem Studio in eigens dafür entworfenen Gehäusen und Gestellen zu ungewöhnlichen neuen Möbelstücken zusammen, deren veränderte Funktionen und ausgefallene Proportionen die Sears-Ästhetik mit ironischem Augenzwinkern in die Gegenwart holten. Im Kontext des Design-Überschwangs der späten 1980er Jahre boten diese Möbel die Möglichkeit der Rückkehr zu pragmatischer Einfachheit und gesundem Menschenverstand.

G thru K. Replacement seat buckets for chairs or barstool bases. Choose from 4 popular styles in fabric-backed vinyl or olefin fabric covers. Carton of 1. (H and J) include chrome-plated arms and back. Bases not included, sold separately below (except barstool base). Allow 21 days for delivery. State color number.
Button-tufted vinyl colors: 566, 612, 29, 3 or 27. Fabric colors: 30, 14 or 4.

Bucket style	Wt. lbs.	Button-tufted vinyl			Fabric	
		Catalog Number	Each	2 or more, ea.	Catalog Number	Each
(G) Standard armless	16	F 1 R 27337H	$39.99	$34.99	F 1 R 26228H	$49.99
(H) Chrome-arm	17	F 1 R 27209H	$64.99	$59.99	F 1 R 26217H	$69.99
(J) Padded arm	19	F 1 R 27060H	$74.99	$69.99	F 1 R 26218H	$79.99
(K) Mid-height armless	20	F 1 R 27058H	$44.99	$39.99	F 1 R 26221H	$54.99

L and M. Seats for stools or pedestals. Sold in sets of 2. Allow 21 days for delivery. State color number. Vinyl colors: 566, 612, 29 or 3. Fabric colors: 30, 14 or 4.

Item	Catalog Number	Wt., lbs.	Set	2 or more sets, each
(L) 14-inch round seats				
Vinyl	F 1 R 27334H	7	$24.99	$19.99
Fabric	F 1 R 27130H	7	24.99	19.99
(M) 15-inch square seats				
Vinyl	F 1 R 27370H	8	$19.99	$14.99
Fabric	F 1 R 27371H	8	21.99	16.99

N thru R. Steel chair bases swivel 360° with seats you attach. 21-inch diameter between casters. 14 inches high to base of seat attachment. Allow 21 days for delivery. Wt. 10 lbs.
(N) F 1 R 26113—Brown-enameled .... Each $34.99
(P) F 1 R 26115—Chrome plated .... Each 39.99
(R) F 1 R 26128—Almond-enameled, country-styled .... Each 39.99
(R) F 1 R 26126—Brown-enameled, country-styled .... Each 39.99

801

Strap Furniture_ 1999, prototypes. Strap Furniture est le résultat d'une expérimentation que nous avons réalisée avec du matériel d'emballage usagé. Le ruban adhésif en polypropylène industriel (couramment utilisé pour fermer les cartons) supporte un poids d'environ 140 kg, ce qui nous semblait largement suffisant pour un siège. Nous avons trouvé ce matériau en consultant des catalogues industriels, où nous avons aussi découvert des outils insolites pour tendre, sceller et couper.

Strap Furniture_ 1999, prototypes. Strap Furniture resulted from our experimentation with discarded packaging materials. Industrial polypropylene strapping tape (commonly used for securing the cartons) is designed to withstand the weight of at least 300 lb, which seemed perfectly suited for a sitting surface. The tape came from industrial catalogs, along with odd-looking special tools for tensioning, sealing, and cutting.

Strap Furniture_ 1999, Prototypen. Die **Strap Furniture**-Stücke sind das Ergebnis unserer Experimente mit weggeworfenen Verpackungsriemen. Diese industriell produzierten Bänder aus Polypropylen (mit denen Kartons maschinell umschnürt werden) halten Gewichten von mindestens 140 kg stand und erschienen uns daher für Sitzflächen perfekt geeignet. Die Bänder wurden in verschiedenen Herstellerkatalogen zusammen mit bizarr anmutenden Spezialgeräten zum Spannen, Verkleben und Schneiden angeboten.

In the final designs, the web of strapping tape was stretched on a wooden framework, reminiscent of an archetypal American easy chair or bench. The furniture presents an alternative to traditional upholstery: it is lightweight and seemingly very complex—even though it was fairly straightforward to make. Steven Skov Holt described it poetically as "cushions of air encased in a network of lines". In 2000, Strap Furniture was selected for the first National Design Triennial in New York.

Das endgültige Design dieser Möbel sah Sitze und Rückenlehnen aus Holzrahmen und darüber gespannten Gittergeflechten aus Verpackungsbändern vor – eine Reminiszenz an archetypische amerikanische Lehnstühle oder Sitzbänke. Unsere Sessel stellen eine Alternative zu herkömmlichen Polstermöbeln dar: Sie sind leicht, und augenscheinlich sehr komplex, obwohl sie relativ problemlos herzustellen waren. Steven Skov Holt hat sie poesievoll als „Luftkissen in Liniennetzen" beschrieben. Im Jahr 2000 wurde die Kollektion Strap Furniture für die erste US-weite Design-Triennale in New York ausgewählt.

Verticale_ 2000, produit par Montina. Les longs barreaux verticaux des chaises Windsor sont de bons éléments de décor pour tous types de tables. J'ai eu envie de reproduire le sentiment de confort qu'ils inspirent avec une chaise contemporaine. Les fines lattes en bois du dossier sont décoratives, mais aussi fonctionnelles: il n'y en a pas une de trop.

Verticale_ 2000, produced by Montina. Tall vertical spindles of traditional Windsor chairs provide a nice comforting backdrop for any table. I was inspired to create a similar feeling with a contemporary dining chair. Thin wooden slats in the backrest play the role of functional decoration: not one member is structurally superfluous.

Verticale_ 2000, Hersteller: Montina. Die langen vertikalen Drechselstäbe traditioneller Windsorstühle sind ein hübscher, gefälliger Hintergrund für jeden Tisch und lieferten mir die Anregung, mit einem zeitgenössischen Esszimmerstuhl einen ähnlichen Eindruck zu vermitteln. Dünne Holzlatten in der Rückenlehne übernehmen den Part eines „funktionalen Ornaments": Keine einzige ist konstruktiv überflüssig.

Taxicab Chair_ 2001, prototypes. Ce meuble m'a été inspiré par les nattes de massage chères aux chauffeurs de taxi et de camionnette new-yorkais. Mais ici, la natte n'est pas placée sur le siège, elle est le siège. Les grosses boules en bois, laissées à l'état brut ou peintes de manière aléatoire en quinze couleurs différentes, ont un rôle fonctionnel et ornemental. La chaise est très confortable, ce qui n'a en fait rien de surprenant.

Taxicab Chair_ 2001, prototypes. This design took inspiration from beaded seat covers, favored by the New York taxicab and van drivers. Instead of being placed on a chair, here the seat cover becomes a chair. Oversized wooden balls, either left in their natural state, or painted in random 15 colors, serve as functional decoration. Not surprisingly, the chair is very comfortable and pleasant to sit on.

Taxicab Chair_ 2001, Prototypen. Die Idee zu diesen Entwürfen lieferten die unter New Yorker Lieferwagen- und Taxifahrern beliebten Autositzauflagen aus Holzperlen. Statt auf einem Stuhl zu liegen, sind bei uns die Auflagen selbst zum Sitz geworden. Überdimensionale Holzkugeln, entweder naturbelassen oder nach Belieben in fünfzehn verschiedenen Farben lackiert, dienen auch hier als „funktionale Dekoration". Natürlich ist der Stuhl sehr bequem; man sitzt gern und gut darauf.

Le designer Constantin Boym, installé à New York, figure depuis longtemps parmi les protagonistes les plus radicaux et les plus intransigeants de la scène internationale du design. Sa reconnaissance n'est pourtant pas liée à une quantité particulièrement impressionnante de réalisations pour des entreprises renommées. Mais peut-être est-ce là précisément ce qui le caractérise. Le monde du design est en effet marqué, depuis quelques années, par l'apparition d'un nombre croissant d'idées dites «novatrices» lancées par une industrie lifestyle manquant d'authenticité. Cette industrie tente de pallier le défaut d'originalité de sa stratégie d'entreprise par une profusion de produits sans le moindre rayonnement ni la plus pâle identité.

A la différence de bon nombre de ses confrères, dont l'originalité a assuré le succès commercial, mais qui se sont par la suite bien trop souvent contentés d'appliquer une recette sans plus s'efforcer d'inventer des solutions nouvelles, Constantin Boym consacre l'essentiel de sa réflexion à la conception et à la rigueur de l'application, non sans agrémenter le tout d'une pointe d'ironie.

Ses travaux présentent deux caractéristiques qui les singularisent: d'un côté, l'extrême réduction des moyens engagés – autrement dit la rareté des détails dans la forme –, alliée à un humour sec qui s'exprime dans la majorité de ses créations; de l'autre, un aspect narratif incontestable, que Boym émaille d'un arrière-plan ironique en évitant toutefois le piège de l'intellectualisme. Ses créations montrent au contraire une naïveté et une simplicité presque désarmantes. La genèse de ses projets est compréhensible par tout un chacun et ramène au quotidien.

Boym a l'art de mettre en évidence ce que le quotidien a de particulier. Il ne cherche pas la séduction pour la séduction, comme on le faisait dans les années 1970 et 1980, où la cherté des matériaux, la sophistication des techniques de production artisanales coûteuses et la limitation artificielle de la production à de petites séries faisaient des objets fabriqués des lignes de produits réservées aux nantis.

Constantin Boym a réalisé dans son studio, du moins au début, du design d'auteur, collaborant avec un petit nombre d'assistants et de stagiaires qui lui ont permis de planifier et de réaliser des projets modestes et expérimentaux, principalement pour des entreprises européennes.

Aux États-Unis, le premier à présenter des produits dessinés par Boym fut Murray Moss. Ce designer talentueux s'était lui-même imposé à New York grâce à la chaîne de magasins Crate & Barrel, aussi exigeante que renommée, ainsi qu'aux supermarchés Bed, Bath & Beyond ou target, qui couvraient dans une large mesure la consommation de masse au rayon meubles et aménagement d'intérieur. Moss composait son assortiment en s'inspirant de ce qu'il voyait dans les foires européennes. Ses lignes de produits haut de gamme rappelaient les collections des très célèbres magasins de design italiens des années 1980 et 1990.

Lorsqu'en 1994, Constantin Boym fit ses premiers projets pour Authentics/Allemagne, il s'agissait principalement de dessiner des objets d'utilisation courante pour Monsieur et Madame Tout-le-monde, tout en réhabilitant le matériau synthétique. A cette époque-là, les produits Authentics, signés par des designers qui s'étaient entre-temps forgé une réputation internationale, commençaient à surprendre le monde.

Boym a développé pour l'entreprise quelques objets utilitaires (collection Basics), qui n'avaient à première vue «l'air de rien», mais qui, à les observer de plus près, se profilaient nettement comme de véritables créations.

Soulignant les propriétés du matériau – translucidité, finesse et subtilité des structures – il a pourvu chacun de ses objets de détails a priori insignifiants, mais qui les ont distingués de tout autre: fond d'une boîte à agrafes muni de petites aspérités permettant de mieux en saisir la partie amovible; récipient à sauce placé de façon légèrement décentrée sur un plateau d'apéritif; perforation créant la surprise sur un panier à ustensiles de cuisine. En un mot, il ajoute à chaque objet d'usage courant une touche personnelle qui lui confère sa singularité.

Si l'on parle, depuis quelques années, de designers auteurs, Constantin Boym fait incontestablement partie de cette catégorie-là. De ces gens qui, tout en respectant les impératifs dictés par l'industrie, remplissent leur mandat à la manière de créateurs indépendants, échappant aux compromis. A ce titre, le rapport de travail que Boym entretient avec ses commanditaires s'apparente à un réel partenariat. Point qu'il est important de souligner, car c'est bien cet élément qui distingue la démarche d'un designer auteur de celle d'un bureau de design industriel. C'est aussi ce qui confère au produit un caractère réellement novateur.

De par sa formation étendue, ce combattant acharné du design est capable de relever pratiquement tous les défis, sans se limiter aux frontières strictes de son art, et marque chacune de ses œuvres d'une empreinte discrète grâce à laquelle ses créations ne pourraient être attribuées à nul autre. Alors que la médiocrité des solutions design nous envahit, que l'on ne voit qu'adaptations ennuyeuses et vulgaires copies et que l'uniformité semble de rigueur, constater que certains conservent intact un tel capital d'originalité et de créativité est un pur soulagement.

Hansjerg Maier-Aichen_ professeur à la Staatliche Hochschule für Gestaltung à Karlsruhe

CONSTANTIN BOYM

The New York-based designer Constantin Boym has for years been among the most radical and uncompromising protagonists of the international design scene. And this is despite the fact that comparatively few products by him have so far appeared in cooperation with famous brand-name companies. Perhaps it is precisely this that sets him apart, since in recent years we have encountered an increasing number of so-called "innovative product ideas", initiated by a hardly authentic lifestyle industry which replaces the lack of a distinctive company strategy by numerous adapted product lines, without impact or identity.

Compared to many of his high-profile fellow designers, who achieved success with highly original and unequivocal ideas but then all too often became integrated into the completely conventional business of finding commercial design solutions, Constantin Boym primarily tackles the creative idea and its rigorous interpretation, always in association with a certain irony.

Two essential features of his work stand out. One is the extreme reduction of the materials used, indeed the spareness of his creative details, and the unmistakable dry sense of humour evident in many of his creations. The other main feature is that his works have a thoroughly narrative character, remaining mostly enigmatically ironic but never overloaded intellectually, showing themselves to be almost naïve and disarmingly uncomplicated. The "stories" of his designs are accessible to all and permit sundry associations with quite ordinary perceptions.

The phenomenon of "the special nature of the everyday" applies to many of his products. He does not seek out seductive product solutions in the style of the 1970s and 1980s, when costly materials, expensive artisanal production techniques and artificially maintained small-scale series led to a "product chain for the prosperous".

With his studio, initially at least, Boym operated as an "author designer", with a small number of assistants and trainees who gave him a helping hand and enabled him to plan and carry out smaller, experimental projects – incidentally, mostly with European firms.

The high-class New York shop of the extremely talented Murray Moss had established a niche for itself between very successful and relatively up-market chains of shops such as Crate & Barrel, the supermarket chains Bed, Bath & Beyond and target, which covered furniture and household goods mass consumption in the widest sense. What Murray Moss showed in his shop was in general the result of intensive research at European trade fairs, and his celebrated groups of wares were reminiscent of top-quality Italian design shops of the 1980s and 1990s. He was one of the first in the USA to present Boym products.

In 1994, when Constantin Boym designed his first products for Authentics/Germany, it was basically a question of creating "everyday products for everyone" and the important thing was to reinvigorate the mundane material plastic. At that time Authentics products, designed by designers who have in the meantime achieved international recognition, had already stunned the global markets. Boym developed a few household products for the company, so-called Basics, the extremely original designs of which only become apparent when you look more closely.

He supplemented the basic characteristics of the material—high translucency, thin walls and subtle surface structures—with almost inconspicuous details which however made the product significant and unmistakable by comparison with the existing stock. On one occasion he provided the base of a staple container with tiny knobbles in order to make the plastic part easier to grip. Another time a sauce bowl was integrated off-centre in a "chip and dip" tray, or there was a surprising perforation in a basket for utensils. In other words, details that gave the objects their original character.

When in more recent times we talk about author designers, then Boym very definitely belongs to this type of independent creator who still sees his commission from industry as working to a brief, yet in a very independent manner, and avoids vague compromises. To this extent this working relationship exists as an equal partnership between industrialist and designer. It is important to emphasize this point, in order to demonstrate the difference between the way an author designer works and ordinary industrial design practice and thus raise the quality of the product in the sense of a possible innovation.

A profound training has made it possible for this stubborn "design warrior" to take up practically every challenge in the field of frontier-crossing creative work and give it his unobtrusive stamp, his unmistakable hand: an ability that, against a background of increasing mediocrity in design solutions, of boring adaptations and blatant copies, represents a reassurance. **Hansjerg Maier-Aichen_ professor at State University for Design, Media and Art in Karlsruhe**

Der in New York lebende Designer Constantin Boym gehört schon seit Jahren zu den radikalsten und kompromisslosesten Protagonisten der internationalen Designszene. Und das, obwohl es von ihm bis heute immer noch vergleichsweise wenig realisierte Produkte in Kooperation mit namhaften Markenunternehmen gibt. Vielleicht zeichnet ihn das aber gerade aus, denn in den letzten Jahren begegnen wir einer zunehmenden Zahl von sogenannten „innovativen Produktideen", von einer wenig authentischen Lifestyle-Industrie initiiert, die den Mangel an einer unverwechselbaren Firmenstrategie ersetzt durch zahlreiche und angepasste Produktserien ohne Ausstrahlung und Identität.

Neben vielen seiner hochgehandelten Designerkollegen, die mit ihren sehr eigenständigen und unmissverständlichen Ideen zum Erfolg kamen, danach aber sich allzu oft in das ganz normale Geschäft kommerzieller Designlösungen integrierten, setzt sich Constantin Boym primär mit der gestalterischen Idee und ihrer rigorosen Umsetzung auseinander, immer verknüpft mit einer gewissen Ironie.

Dabei zeichnen zwei wesentliche Eigenschaften seine Arbeiten aus: Zum einen ist es die äußerste Reduktion der eingesetzten Mittel, ja die Sprödigkeit seiner gestalterischen Details, und ein unverkennbarer trockener Humor, der in vielen seiner Kreationen offensichtlich wird. Zum anderen haben seine Arbeiten einen überaus erzählerischen Charakter, bleiben meist hintergründig ironisch, dabei nie intellektuell überfrachtet, sondern zeigen sich beinahe naiv und entwaffnend unkompliziert. Die „Geschichten" seiner Entwürfe sind jedem zugänglich und lassen vielfältige Assoziationen zu ganz alltäglichen Wahrnehmungen zu.

Für viele seiner Produkte trifft das Phänomen des „Besonderen des Alltäglichen" zu. Er sucht nicht nach verführerischen Produktlösungen im Stil der 1970er und 1980er Jahre, in denen kostspielige Materialien, aufwendige handwerkliche Produktionstechniken und künstlich aufrechterhaltene Kleinserien zu einer „Produktkette für Wohlhabende" geführt haben.

Constantin Boym agierte mit seinem Studio zumindest zu Beginn wie ein „Autorendesigner", mit einer kleinen Zahl von Helfern und Praktikanten, die ihm zur Hand gingen und die es ihm erlaubten, kleinere und experimentelle Projekte, übrigens meist mit europäischen Unternehmen, zu planen und zu verwirklichen.

Zwischen einer sehr erfolgreichen und relativ anspruchsvollen Ladenkette wie Crate & Barrel, den Supermarktketten Bed, Bath & Beyond, oder target, die den Massenkonsum für Möbel und Wohnbedarf im weitesten Sinne abdeckten, konnte sich das Edelgeschäft des überaus talentierten Murray Moss in New York etablieren. Was Moss vorstellte, war in der Regel das Resultat intensiver Recherchen auf europäischen Messen und die angepriesenen Warengruppen erinnerten an hochwertige italienische Designläden der 1980er und 1990er Jahre. Murray Moss war einer der ersten in den USA, die Boym-Produkte vorstellten. Als Constantin Boym 1994 erste Produkte für Authentics/Deutschland entwarf, ging es grundsätzlich um die Gestaltung von „Alltagsprodukten für Jedermann" sowie um die Wiederbelebung des profanen Materials Kunststoff. Zu dieser Zeit hatten die Authentics-Produkte, von inzwischen international anerkannten Designern entworfen, die Märkte weltweit bereits in Erstaunen versetzt. Boym entwickelte für das Unternehmen einige Haushaltsprodukte, sogenannte Basics, die sich erst bei näherem Hinsehen als sehr eigenständige Entwürfe entpuppten.

Die Vorgaben des Materials – hohe Transluzenz, dünne Wandungen und subtile Oberflächenstrukturen – ergänzte er durch beinahe unscheinbare Details, die das Produkt jedoch signifikant und gegenüber bestehenden Angeboten unverwechselbar machten. Einmal war es der Boden eines Stapelcontainers, den er mit winzigen Noppen ausstattete, um das Kunststoffteil besser greifen zu können, dann wiederum war es eine in einem „chip and dip" Tablett dezentral integrierte Saucenschale oder eine überraschende Perforation an einem Utensilienkorb, also Details, die den Objekten ihren eigenständigen Charakter verliehen.

Wenn wir in jüngerer Zeit von Autorendesignern sprechen, so gehört Boym ganz sicher zu diesem Typus eines unabhängigen Gestalters, der seinen Auftrag von der Industrie immer als zwar gebriefte, aber sehr unabhängige Arbeit sieht und vagen Kompromissen aus dem Wege geht. Insofern besteht dieses Arbeitsverhältnis als eine Partnerschaft zwischen Unternehmer und Designer auf gleicher Augenhöhe. Dies ist wichtig festzustellen, um den Unterschied des Vorgehens eines Autorendesigners gegenüber üblichen Industriedesignbüros aufzuzeigen und damit die Qualität des Produkts im Sinne einer möglichen Innovation zu erhöhen.

Eine profunde Ausbildung ermöglicht es diesem eigensinnigen „Designkrieger", nahezu jede Herausforderung auf dem Gebiet des grenzüberschreitenden Gestaltens aufzugreifen und sie mit seinem unaufdringlichen Stempel, seiner unverwechselbaren Handschrift zu versehen: eine Fähigkeit, die vor dem Hintergrund einer zunehmenden Mittelmäßigkeit von Designlösungen, von langweiligen Adaptionen und krassen Kopien ein beruhigendes Kapital darstellt. Hansjerg Maier-Aichen_ Professor an der Staatliche Hochschule für Gestaltung in Karlsruhe

Use It, boîtes de conservation_ 1995, produit par Authentics. La collaboration avec l'entreprise allemande Authentics a été l'une des plus importantes des années 1990 pour notre studio. Cette maison est connue pour ses produits innovateurs en polypropylène translucide, caractérisés par leur finesse, leur texture raffinée et leurs tons lumineux. Notre première rencontre avec le propriétaire, Hansjerg Maier-Aichen, a eu lieu à Francfort lors de l'exposition **Searstyle**. Impressionné par notre projet, il nous a proposé de nous pencher sur un autre symbole américain – Tupperware – et de créer une série de récipients en plastique à usage universel. Les objets devaient être simples, très simples. Il fallait leur conférer un certain style pour éviter la connotation bon marché des ustensiles de cuisine et pour qu'ils soient à leur place aussi bien dans une salle de bains que dans une chambre à coucher ou un bureau. Au final, nos produits, ressemblant à un jeu de construction modulaire, avaient presque l'air de génériques, rappelant les cubes en verre de Wilhelm Wagenfeld ou les boîtes de réfrigération des années 1940. Ce qui était nouveau, c'était leur légèreté quasi immatérielle et leurs couleurs translucides et aériennes, que l'entreprise changeait à chaque saison. En 1997, le Musée d'art moderne de New York a intégré la série **Use It** dans sa collection permanente de design.

Use It, Kitchen Containers_ 1995, produced by Authentics. One of my studio's most important collaborations in the 1990s took place with the German company Authentics, known for pioneering products of translucent polypropylene, striking in their thinness, fine texture, and luminous color effects. First meeting with the owner, Hansjerg Maier-Aichen, took place in Frankfurt during the **Searstyle** exhibition. Impressed with the project, he suggested to look at another American icon—Tupperware—and asked for a universal set of plastic containers. "Make them more than simple", urged Maier-Aichen. The containers had to become dignified enough to escape a cheap connotation of kitchen objects, and to find use in the bathroom, bedroom, even office. In the end, a series of modular toy-like blocks looked almost generic, reminiscent of Wilhelm Wagenfeld's glass cubes or the American refrigeratorware of the 1940s. New was their immaterial lightness and ethereal translucent colors, which the company changed every season. In 1997, **Use It** was accepted in the permanent design collection of the Museum of Modern Art in New York.

 Zu unseren wichtigsten Kooperationen in den 1990er Jahren zählte die mit der deutschen Firma Authentics, bekannt für ihre innovativen Produkte aus durchscheinendem Polypropylen, die sich durch Dünnwandigkeit, feine Oberflächentexturen und leuchtende Farben auszeichnen. Unser erstes Treffen mit dem Eigentümer, Hansjerg Maier-Aichen, fand während der Searstyle-Ausstellung in Frankfurt am Main statt. Er zeigte sich von diesen Designs beeindruckt, schlug uns vor, eine andere amerikanische Designkult-Kollektion unter die Lupe zu nehmen – die Tupperware –, und beauftragte uns, einen Satz universell einsetzbarer Plastikbehälter zu entwerfen. „Machen Sie sie mehr als einfach", bat er uns mit Nachdruck. Die Behälter sollten die Aura billiger Küchenutensilien vermeiden und für würdig befunden werden, auch in Bädern, Schlafzimmern und sogar Büros Verwendung zu finden. Entstanden sind schließlich bauklotzartige modulare Universalboxen, die an Wilhelm Wagenfelds Stapelgeschirr (Kubus) aus Pressglas oder die amerikanischen Kühlschrankboxen der 1940er Jahre erinnern. Neu waren die wie immateriell wirkende Leichtigkeit und die von Saison zu Saison wechselnden „ätherischen" Farben der transluzenten Authentics-Behälter. 1997 wurde die Use It-Kollektion in die ständige Sammlung des Museum of Modern Art in New York aufgenommen.

À l'image des jeux de cubes enfantins, les récipients modulaires pouvaient facilement être empilés de manière à former une paroi ou une tour. Cette propriété a été exploitée pour réaliser l'installation d'Authentics présentée à la Foire du meuble de Milan en 1998.

Like children's toy blocks, modular containers could easily be assembled into walls and towers. This quality became a focus of the installation for Authentics, designed for the Milan Furniture Fair in 1998.

Wie Bauklötze lassen sich die Behälter mühelos zu Türmen und sogar Raumteilern aufstapeln. Diese Eigenschaft wurde zum Hauptmerkmal der Standgestaltung von Authentics auf der Mailänder Möbelmesse von 1998.

Kitchen Utensils_ 1996, produit par Authentics. Lors de mes escapades au marché aux puces, j'ai souvent admiré les ustensiles de cuisine américains en acier des années 1940, avec leurs poignées en bois aux teintes éclatantes. Pour ce modèle, nous avons remplacé le bois et l'acier par deux sortes de plastique: du polyamide noir résistant à la chaleur et du polypropylène de couleur vive. Leur assemblage a été usiné avec soin afin de donner aux objets un aspect à la fois immatériel et rassurant par leur forme familière.

Kitchen Utensils_ 1996, produced by Authentics. On flea-market trips I often admired American steel utensils of the 1940s, distinguished by their brightly colored wooden handles. Instead of wood and steel, we combined the two kinds of plastic, heat-resistant black polyamide and bright polypropylene. Their connection was carefully engineered to appear almost immaterial, emphasizing the reassuringly familiar shape of the objects.

Kitchen Utensils_ 1996, Hersteller: Authentics. Auf meinen Streifzügen über Flohmärkte habe ich vielfach die amerikanischen Kochlöffel, Kellen und Spatel der 1940er Jahre (aus Stahl mit bunten Holzgriffen) bewundert. Statt Holz und Stahl kombinierten wir zwei Kunststoffe: hitzebeständiges schwarzes Polyamid und Polypropylen in leuchtenden Farben. Ihre Verbindung ist sorgfältig und fast unsichtbar gestaltet, während die vertrauten Formen dieser Gegenstände umso mehr betont werden.

Wet/Dry Bath Caddy_ 1998, produit par Authentics. Pendant nos années de collaboration, Maier-Aichen a évoqué plus d'une fois avec fascination ma manière très américaine de consommer tout en observant d'un œil critique le mode de vie du consommateur. Il est vrai que la majorité des produits que notre studio a réalisés pour Authentics sont le reflet de spécificités américaines traditionnelles, souvent légèrement détournées. Pour le porte-accessoires pour salle de bains, par exemple, nous nous sommes inspirés des paniers en osier faits main, avec leurs proportions caractéristiques et leurs motifs tressés, les fentes permettant dans notre cas à l'eau de s'écouler. Un bac amovible pouvant recevoir des articles de bain de petite taille en augmente les possibilités d'utilisation.

Wet/Dry Bath Caddy_ 1998, produced by Authentics. Throughout years of our work together, Maier-Aichen often referred with fascination on my "very American way of consuming and at the same time criticizing the consumer lifestyle". Indeed, most of our studio's products for Authentics commented on traditional American typologies, often with a twist. In design for a bath caddy, we turned to traditional hand-made baskets, with their characteristic proportions and woven patterns—in this case, adopted as drainage slots. A flat removable tray for smaller bath items added flexibility to the object's use.

Wet/Dry Bath Caddy_ 1998, Hersteller: Authentics. In den Jahren unserer Zusammenarbeit äußerte sich Maier-Aichen oft fasziniert über meine „sehr amerikanische Art des Konsumierens und gleichzeitige Kritik am konsumierenden Lebensstil". Die meisten unserer Entwürfe für Authentics waren tatsächlich „Anmerkungen" zu traditionellen amerikanischen Typologien – häufig mit unerwarteter Wendung. Beim Design eines Korbs für Badezimmer-Accessoires orientierten wir uns an herkömmlichen handgeflochtenen Henkelkörben mit ihren charakteristischen Proportionen und Flechtmustern, die hier zu Abflussschlitzen wurden. Eine abnehmbare flache Schale für kleinere Gegenstände steigerte den „Mehrzweckcharakter" des Korbs.

B

 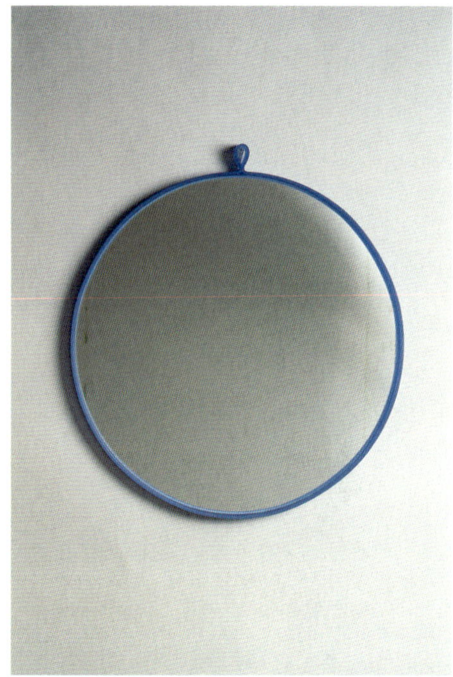

Loop Mirror_ 1997, produit par Authentics. Presque tout dans la conception de ce miroir – y compris sa taille, sa forme circulaire et son coût – était prédéterminé par des considérations de marketing. La seule part laissée au design semblait se résumer à trouver un moyen de l'accrocher au mur. En référence au ruban de soie très «classe» de Martha Stuart, nous avons encerclé le miroir d'un ruban en plastique dont une boucle permet de le suspendre. Cette solution fonctionnelle minimaliste évoque le style caricatural d'une bande dessinée.

Loop Mirror_ 1997, produced by Authentics. Almost everything in the brief for this mirror—including size, circular shape, and price point—was pre-determined by marketing considerations. It seemed, the only thing left for design was a way of attaching it to the wall. Commenting on Martha Stuart's "classy" silk ribbon suggestions, we proposed a wraparound plastic ribbon, which would both house the glass and provide a loop for hanging. This design combined a minimally functional solution with playful irreverence of a cartoon.

Loop Mirror_ 1997, Hersteller: Authentics. Nahezu sämtliche Vorgaben des Auftraggebers für diesen Wandspiegel (einschließlich Größe, kreisrunde Form und Preis) orientierten sich am Markt. Das Einzige, was noch zu gestalten war, so schien es, war die Art der Wandhalterung. Wir dachten an Martha Stuarts Anspielungen auf „erstklassige" Seidenbänder und schlugen ein umlaufendes Plastikband vor, das den Spiegel einrahmen und gleichzeitig als Aufhängeschlaufe dienen sollte. Dieses Design kombiniert eine funktionale Minimallösung mit augenzwinkernder Respektlosigkeit gegenüber einem Cartoon.

Tin Man Canisters_ 1990, produit par Alessi, 1993. J'ai toujours trouvé qu'une boîte à café en fer-blanc était un bel objet de design. Tout en étant décoratives, ses ondulations suggèrent la solidité et la maniabilité. S'il a suffi d'une toute petite intervention pour transformer une simple boîte de conserve en un objet de design étincelant pour la cuisine, il a en revanche fallu trois ans et plusieurs rencontres avec Alberto Alessi pour qu'il soit convaincu par notre idée. Le produit final a été retouché par l'entreprise pour lui donner un aspect plus lisse et brillant et, peut-être, lui assurer une pérennité commerciale.

Tin Man Canisters_ 1990, produced by Alessi, 1993. I have always considered a coffee can a beautiful design object. The corrugated body of a standard tin can simultaneously provides structural strength, a decorative pattern, and a tactile gripping surface. A very small design intervention could turn a humble can into a glittering kitchen canister. It took three years and several meetings with Alberto Alessi to get him sufficiently excited in the idea. The final product was edited by the company to appear more sleek, and perhaps, more commercially viable.

Tin Man Canisters_ 1990, Hersteller: Alessi, 1993. Ich war schon immer der Meinung, dass eine Kaffeedose ein wunderschöner Designgegenstand sein kann. Das gewellte Blech gibt einer solchen Standard(konserven)dose nicht nur Stabilität, sondern auch ein dekoratives Muster und gute Griffigkeit. Mit einem kleinen gestalterischen Eingriff lässt sich eine simple Konservendose in einen glänzenden Vorratsbehälter verwandeln. Wir brauchten drei Jahre und mehrere Sitzungen mit Alberto Alessi, um ihn für unsere Idee zu erwärmen. Das endgültige Design wurde von der Firma überarbeitet, um den Behälter noch „geschliffener" und – möglicherweise – kommerziell erfolgreicher zu machen.

Salvation Ceramics_ 2000, produit par Moooi, 2002. Dans notre société Kleenex, la durée de vie moyenne des objets d'usage courant est courte. La preuve, les étagères des brocantes regorgent, entre autres, d'assiettes et de tasses dépareillées, condamnées à l'oubli et à l'indifférence. Le projet Salvation avait pour but de redonner vie à ces humbles objets. Nous avons créé de somptueuses compositions en assemblant des pièces de céramique disparates et en les fixant avec une colle spéciale. Une collection de plus de 50 pièces uniques a été exposée à New York en 2000.

Salvation Ceramics_ 2000, produced by Moooi, 2002. In our disposable society, the lifespan of average objects is short. Everyone who ever walked into a thrift shop has seen, for example, shelves full of mismatched plates and cups, doomed to eternal oblivion and neglect. The Salvation project aimed at giving these humble objects a new life. We assembled varied ceramic pieces into large and sumptuous compositions, fusing them together with a high-tech adhesive. A collection of over 50 one-of-a-kind pieces was exhibited in New York City in 2000.

Salvation Ceramics_ 2000, Hersteller: Moooi, 2002. In unserer Wegwerfgesellschaft haben durchschnittliche Gebrauchs-gegenstände nur eine kurze Lebenszeit. Jeder, der jemals in einem Trödelladen war, hat schon Regale voller unsortierter Teller und Tassen gesehen, deren Schicksal Vergessen und Vernachlässigung zu sein scheint. Mit unserem „Rettungs"-Projekt wollten wir diesen bescheidenen Dingen neues Leben einhauchen. Mit einem Hightech-Spezialkleber fügten wir verschiedene Geschirrteile zu großen, prachtvollen Kompositionen zusammen. Eine Kollektion von über fünfzig Salvation-Unikaten wurde 2000 in New York City ausgestellt.

1   bowl with old-fashioned pattern inside
    Ø 17 cm

+

1   small white dessertplate
    Ø 20 cm

+

1   bulbulous vase
    with straight neck and lip
    solid coloured
    h: 13 cm

+

1   American mug
    solid coloured (same colour as vase)
    upsidedown
    h: 7.5 cm

+

1   white saucer
    Ø 15 cm
    upsidedown

Total height: 25 cm   (approx. dimensions, may vary ± 2cm)

Deux ans plus tard, Marcel Wanders a proposé d'inclure des compositions de notre projet Salvation dans les catalogues de son entreprise Moooi. Restait à trouver un moyen de concilier l'infinie variété des objets avec le système de production en série. En fin de compte, nous avons donné une série d'indications pour sélectionner, puis composer les pièces. Les collaborateurs de Moooi courent les marchés aux puces de Hollande à la recherche d'assiettes, tasses et autres articles de vaisselle et les assemblent à la main à la fabrique. Seuls cent objets sont mis en vente chaque année.

Two years later, Marcel Wanders had made an offer to include Salvation stacks into the catalogs of his company Moooi. We had to find a way to combine the infinite variety of found objects with the idea of serial production. In essence, the project became a series of design guidelines for selection and assembly of the pieces. The assistants at Moooi search for plates, cups, and other components at flea markets in Holland, and assemble them by hand at the company. Not more than 100 objects are offered each year.

Zwei Jahre später machte uns Marcel Wanders das Angebot, Salvation-Objekte in den Katalog seiner Firma Moooi aufzunehmen. Dafür mussten wir einen Weg finden, um die unerschöpfliche Auswahl verschiedenster Fundstücke vom Trödel mit dem System der Massenproduktion zu vereinbaren. Deshalb bestand unsere Arbeit im Wesentlichen darin, Design-Instruktionen für die Auswahl und Zusammenfügung der Teile zu formulieren. Moooi-Mitarbeiter suchen heute auf Flohmärkten in Holland nach Tellern, Tassen und anderen Keramikteilen und kleben sie dann nach unseren Anleitungen in Handarbeit zusammen. Pro Jahr werden nicht mehr als 100 Stück produziert.

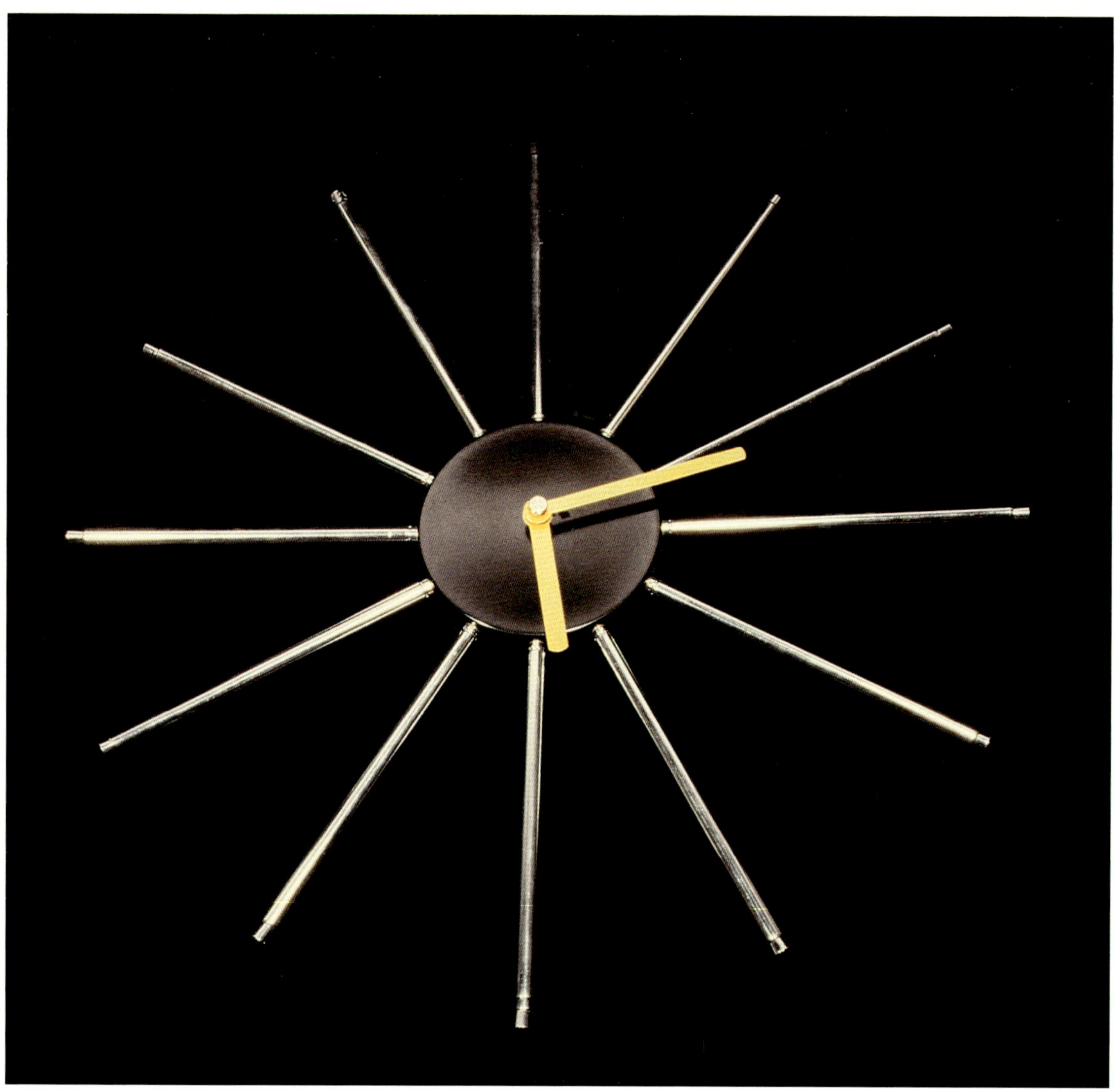

 Cette horloge s'inscrit dans le droit fil de l'exploration des objets anonymes traditionnels que je n'ai cessé de mener tout au long de ma vie de designer. Comme à chaque fois, j'ai voulu redonner vie à un article d'usage courant – ici, une simple antenne – tombé dans l'oubli et l'indifférence. Douze antennes télescopiques marquent les heures tout autour du cadran. En quelques secondes, son diamètre passe de 50 cm à près de 2 m. Selon l'humeur de son propriétaire et l'espace disponible, l'horloge devient composition symétrique ou mouvement visuel expressif.

Antenna Clock_ 1989, produced by Morphos. The clock continues my life-long design exploration of the conventional anonymous object. As before, the aim is to redeem the everyday thing (in this case, a simple antenna) from the oblivion and indifference caused by habitual use. Twelve standard telescopic antennas mark the hours around the clock face. In a matter of seconds, the object grows from fifty centimeters to almost two meters in diameter. Depending on the owner's temperament and available wall space, the clock can form a symmetrical composition or create an expressive visual gesture.

Antenna Clock_ 1989, Hersteller: Morphos. Mit dieser Uhr hat meine lebenslange Beschäftigung mit konventionellen Objekten anonymer Herkunft eine Fortsetzung gefunden. Auch hier war es mein Ziel, Alltagsgegenstände (in diesem Fall simple Antennen) vor der Vergessenheit und Gleichgültigkeit zu bewahren, die mit ihrem täglichen Gebrauch einhergehen. Zwölf Standard-Teleskopantennen zeigen die Stunden auf dem Zifferblatt an. In Sekundenschnelle wächst die Uhr im Durchmesser von 50 Zentimetern auf fast zwei Meter. Je nach dem Geschmack des Besitzers und der verfügbaren Wandfläche kann die Uhr eine symmetrische Komposition bilden oder eine dynamische Bewegung ausführen.

Rubber Band Clock_ 2000, prototype. Six rubans élastiques tendus forment le cadran de cette horloge.

Rubber Band Clock_ 2000, prototype. Six stretched rubber bands make up the dial.

Rubber Band Clock_ 2000, Prototyp. Sechs gespannte Gummibänder bilden das Zifferblatt.

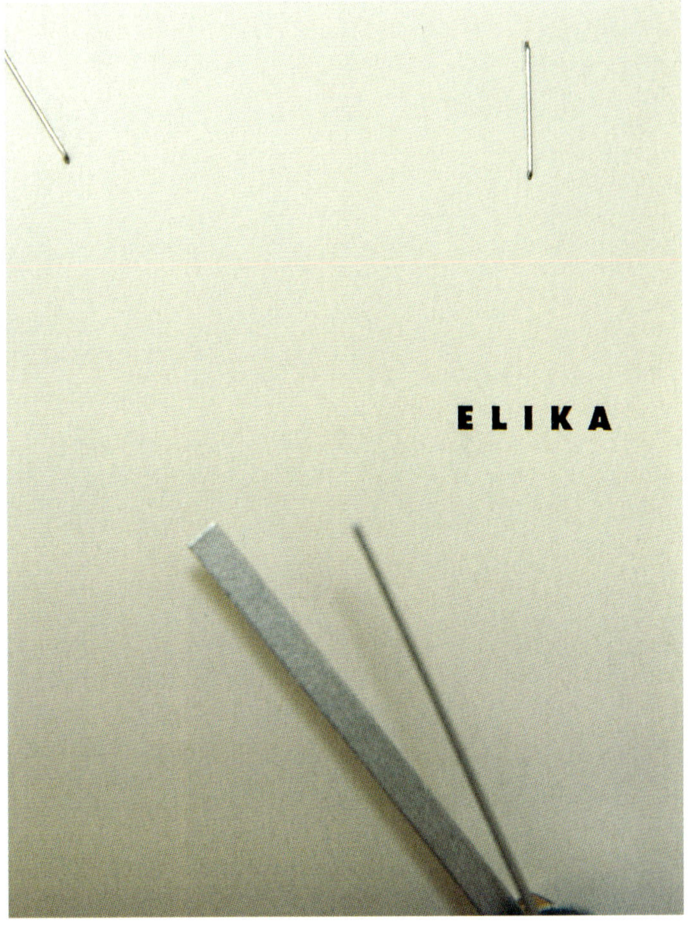

Staple Clock_ 1993, produit par Elika. J'ai créé ce modèle avec du carton et douze agrafes. Les agrafes sont, je trouve, de véritables bijoux, auxquels les gens n'ont pas le temps ou l'habitude de prêter attention. Cette horloge, vendue 12 dollars, est restée en tête des ventes de l'entreprise pendant plusieurs années. Un bon exemple d'économie de production!

Staple Clock_ 1993, produced by Elika. The clock is made out of cardboard and twelve common staples. I see staples as beautiful jewelry-like objects that people never have time or habit to notice. A good example of product economy, this clock retailed at $12, and remained the company's bestseller for several years.

Staple Clock_ 1993, Hersteller: Elika. Die Uhr besteht aus Pappe und zwölf handelsüblichen Heftklammern. Für mich sind Heftklammern wunderschöne schmuckähnliche Gegenstände, die von den meisten Menschen gar nicht wahrgenommen oder beachtet werden. Diese Uhr ist ein gutes Beispiel für Produktökonomie: Sie wurde für 12 Dollar verkauft und war über mehrere Jahre einer von Elikas Bestsellern.

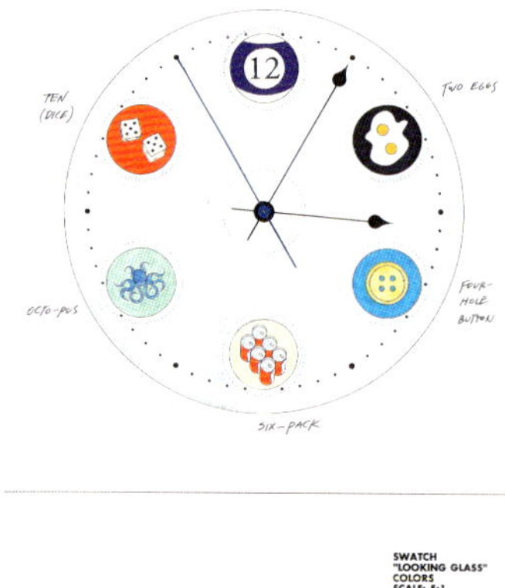

Lens Haven_ 1996, produit par Swatch. La loupe miniature, habituellement posée au-dessus de la date, trouve ici un nouvel usage. Six de ces loupes sont placées sur les chiffres, représentés en l'occurrence par de minuscules symboles de la vie de tous les jours, et la septième est disposée sur le mouvement de la montre. Curieusement, le «six-pack» a été jugé «trop américain» et j'ai dû le remplacer par des symboles plus neutres: six crayons.

Lens Haven_ 1996, produced by Swatch. This design finds a new use for miniature lenses, normally placed on the dial to enlarge the date. Six such lenses appear over numbers, encoded as miniature icons of everyday life, and the seventh is centered on the movement itself. In a strange twist, the six-pack icon was deemed "too American" and I had to replace it with a more neutral symbol, six pencils.

Lens Haven_ 1996, Hersteller: Swatch. Für dieses Uhrendesign sollten Miniaturlinsen, die normalerweise der Vergrößerung des Datums dienen, eine neue Verwendung finden. Sechs derartige Linsen – kodifiziert als Miniaturikonen des Alltags – waren über Ziffern angeordnet, während eine siebte auf das Gehwerk gerichtet war. Merkwürdigerweise wurde unsere Sechserpack-Ikone für „zu amerikanisch" befunden, so dass ich die Linsen durch ein neutraleres Symbol (sechs Bleistifte) ersetzen musste.

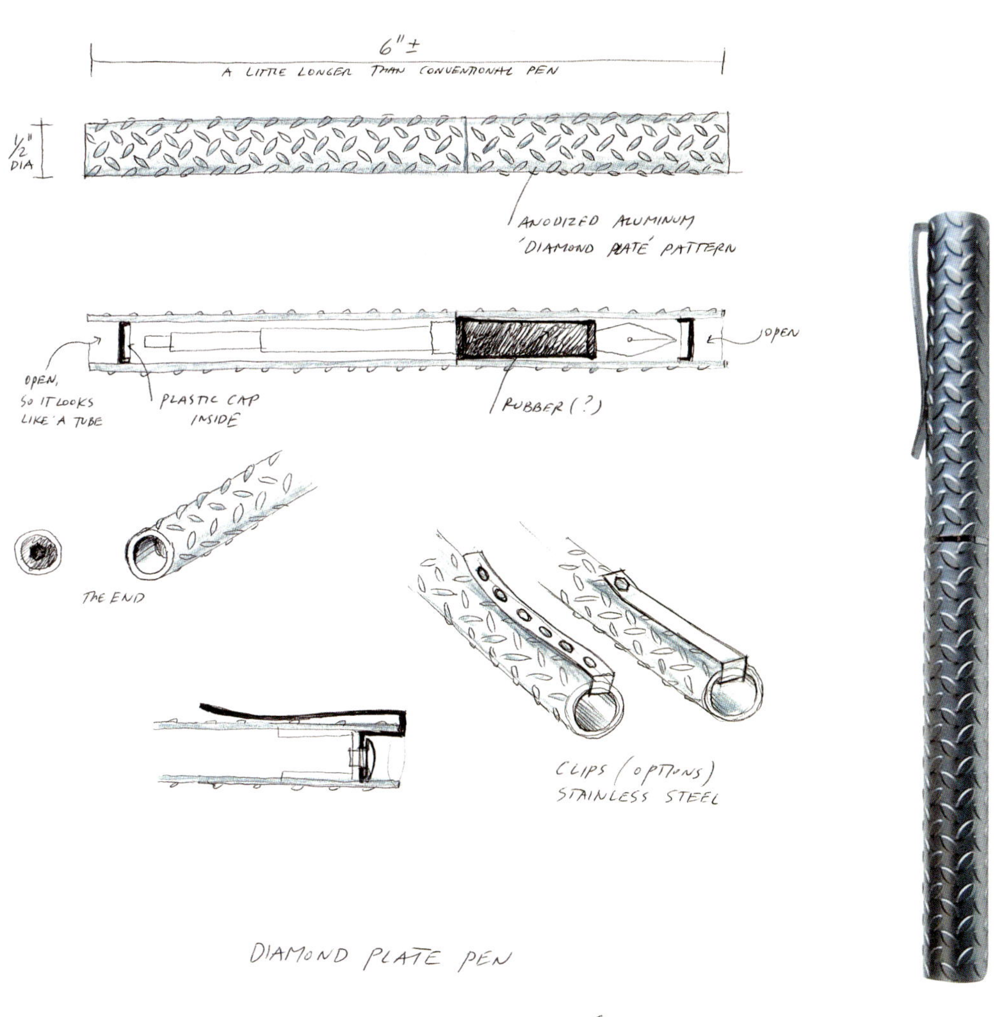

Diamond Plate Pen_ 2000, produit par Acme. Simple tube d'acier orné de motifs en losange et se tenant bien en main, ce stylo évoque l'architecture industrielle new-yorkaise.

Diamond Plate Pen_ 2000, produced by Acme. A simple steel tube with diamond-plate pattern, the pen provides a tactile gripping surface, and evokes a feel of New York's downtown industrial architecture.

Diamond Plate Pen_ 2000, Hersteller: Acme. Der Stift – eine Stahlröhre mit Rautenmuster – liegt griffig in der Hand und erinnert an New Yorks innerstädtische Industriearchitektur.

SUSPENDED JARS

THERE EXISTS A SMART AMERICAN DO-IT-YOURSELF WAY
TO STORE SCREWS, NUTS, BOLTS IN THE WORKSHOP.

PEOPLE TAKE AN EMPTY MAYONNAISE JAR
ATTACH ITS LID UNDER THE SHELF;
THEN THE JAR CAN BE TWISTED
IN AND OUT, AND USED FOR
STORAGE.

IT SAVES SPACE!

Spice Racks_ 1999, produit par DMD. Pour créer ces porte-épices innovateurs, je me suis inspiré d'un concept anonyme de rangement à monter soi-même, communément utilisé dans les garages américains. Dans une variante, les pots sont suspendus l'un à côté de l'autre sous une étagère. Dans l'autre, leur disposition forme un étrange objet tridimensionnel, rappelant vaguement une station spatiale.

Spice Racks_ 1999, produced by DMD. An anonymous do-it-yourself storage concept, commonly used in an American garage, here became an inspiration for a series of innovative kitchen items. In one proposal, the jars appear suspended under the counter in a neat linear display. In another, the containers form a strange three-dimensional object, vaguely reminiscent of a space station.

Spice Racks_ 1999, Hersteller: DMD. Ein in amerikanischen Garagen häufig vorkommendes Aufbewahrungssystem für Kleinteile lieferte die Inspiration zu einer Reihe innovativer Küchen-Accessoires. In einer Ausführung erscheinen die Gewürzgläser ordentlich aufgereiht von der Unterseite der Arbeitsplatte abgehängt, in einer anderen bilden sie ein bizarres Objekt, das vage an eine Raumstation erinnert.

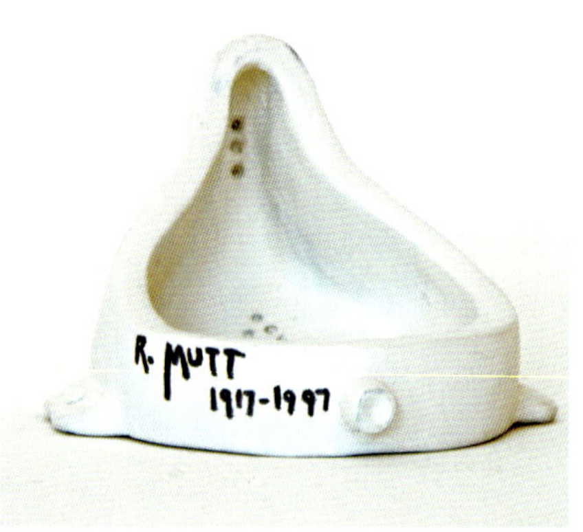

Souvenir_ 1997, proposition pour le Philadelphia Art Museum.

Souvenir_ 1997, proposal for Philadelphia Art Museum.

Souvenir_ 1997, Vorschlag für das Philadelphia Art Museum.

American Plumbing_ 1999, produit par Benza. Selon Marcel Duchamp, «les seules œuvres d'art qu'aient produites l'Amérique sont ses appareils sanitaires et ses ponts». Cette citation maintes fois entendue m'a donné l'idée de créer cette série de vases. Une fois assemblés avec de la colle de plombier, ces bouts de tuyaux en PVC blanc donnent une sculpture prête à l'emploi d'une étonnante beauté.

American Plumbing_ 1999, produced by Benza. "The only works of art America has given are her plumbing and her bridges", wrote Marcel Duchamp. His oft-quoted statement became an inspiration for the series of flower vases—an assortment of industrial PVC plumbing parts, strangely beautiful in their white sculptural expression. The objects are assembled with plumbers' adhesive, in a true ready-made fashion.

American Plumbing_ 1999, Hersteller: Benza. Marcel Duchamp schrieb: „Die einzigen Kunstwerke, die Amerika hervorgebracht hat, sind seine Wasserrohre und seine Brücken." Diese viel zitierte Bemerkung inspirierte uns zu unserer Serie von Blumenvasen aus PVC-Rohren und Anschlussstücken, deren weiße plastische Formen von eigenartiger Schönheit sind. Die Objekte werden in echter „ready-made"-Manier mit Silikonkleber zusammengefügt.

Upstate Plates_ 2001, produced by Conduit, 2005. Everyone is familiar with commercial souvenir plates featuring stereotypical views of European capitals or other famed tourist attractions. Instead, I envisioned a series of plates devoted to unknown, non-descript places of upstate New York—where I often spend summer weekends with my family. The views are "almost all right", to use the expression of Robert Venturi, yet there is always something slightly off key, either a jumble of telephone wires overhead, or a "wrong" car on the road. The limited-edition plates are produced with the new imaging technology, a high-resolution digital decal printer.

Present

J'ai fait la connaissance de Constantin par l'intermédiaire de notre ami commun Tibor Kalman. Tibor, qui était sans aucun doute un grand designer plein d'esprit, pensait que Constantin avait un extraordinaire sens de l'humour. Il était aussi impressionné par son don d'observation.

On dit souvent que seuls les «outsiders» peuvent être de bons observateurs, car pour eux, tout est neuf. Le regard de Constantin sur l'Amérique n'est bien sûr pas celui d'un Américain. Se retrouver dans cet État supercapitaliste après avoir grandi en Union soviétique a certainement aiguisé l'œil qu'il porte sur la grandeur et la décadence de la société américaine. Contrairement à l'auteur de L'Amérique, Constantin connaît cet endroit exotique puisqu'il y vit, et en dépit des côtés insolites et irritants qu'il lui reconnaît, il reste optimiste. En fait, il ressent un amour critique pour son nouveau pays (tout comme Karl Rossmann, le héros de Kafka, dont le voyage en Amérique est porteur de tous les espoirs).

Humoriste, observateur et designer de grand talent, Constantin est un personnage à part dans le monde du design contemporain. Où placer en effet cet homme qui crée des objets et des meubles que vous et moi serions capables de concevoir si nous en avions eu l'idée, qui réinvente le souvenir, construit des villes imaginaires avec des gobelets en plastique, parvient à rendre esthétiques des produits fabriqués à partir de matériaux recyclés, trouve de nouveaux styles de design inspirés par la modestie et la récession, ose évoquer des événements dramatiques avec ses momuments, dessine une montre que 50'000 personnes s'arrachent en quelques semaines, monte des expositions à caractère on ne peut plus éphémère et tragique? Qui ne voudrait pas rencontrer cet homme hors du commun, par ailleurs éminemment sympathique, marié à une femme formidable et talentueuse, père d'un fils drôle et joyeux à qui il fait découvrir Curious George [NdT: protagoniste d'une série mythique de livres pour enfants Outre-Atlantique]? Qui ne voudrait pas travailler avec lui?

Moi, en tout cas, je l'ai toujours souhaité. Lors de notre première collaboration, Constantin a conçu pour un salon Neocon – où nous étions passés inaperçus jusque-là – une exposition de petite envergure, mais mémorable, transformant un minuscule showroom aux murs blancs en un lieu chaleureux et charmant par la magie d'une simple intervention graphique. Par la suite, nous avons travaillé ensemble sur des projets qui n'ont pas vu le jour, mais cela n'a en rien entamé notre amitié et notre respect mutuel. Dernièrement, il a développé un projet de vente au détail que nous sommes en train d'installer dans notre espace d'exposition de New York. J'espère que nous n'en resterons pas là!

Rolf Fehlbaum_ président de Vitra, Weil-am-Rhein

 Tibor, who was certainly a great designer-humorist, thought that Constantin had a terrific sense of humour.

And that he was extraordinarily observant. It is often said that only an outsider can be a good observer as he takes nothing for granted. And Constantin's view of America is of course not American. Growing up in Soviet Russia, wanting to get out and arriving in the supercapitalist USA certainly sharpened his eye for the great and the miserable in American society. Contrarily to the author of Amerika he knows this exotic place and in spite of all its strangeness and irritation he is optimistic and critically in love with his new country (also for Kafka Karl Rossmann's American adventure is his most hopeful journey).

A humorist, an observer and a designer of extraordinary gifts Constantin is a unique figure in contemporary design. Where can you place a man who makes objects and furniture that you and I could do if we had had the idea, reinvents the souvenir, builds city images with plastic cups, makes recycling fun, finds new design styles connected to modesty and recession, dares to address some of the biggest historic issues with his monuments, designs a watch of which 50 000 units are sold within a few weeks, creates exhibitions of the most ephemeral and the most tragic genre? He also is a lovable person, he has a great and gifted partner-wife and a very funny happy son whom he introduces to Curious George. Would not everybody want to know this person and work with him?

I have wanted to work with him for a long time. He did a small, but memorable exhibition for us at a place in which we had been invisible before (the Neocon fair). A small white exhibition box was transformed into a warm and charming habitat thanks to a simple graphic intervention. We then worked on projects which did not materialize. This did not reduce our friendship and mutual respect. Just now a retail project developed by Constantin is being introduced in our New York showroom. I hope there will be more. Rolf Fehlbaum_ chairman of Vitra, Weil-am-Rhein

 Tibor war selbst ein großer Humorist unter den Designern und meinte, Constantin habe einen fantastischen Sinn für Humor – und außerdem eine außergewöhnliche Beobachtungsgabe.

Es wird oft gesagt, dass nur ein Außenstehender ein guter Beobachter sein kann, weil er nichts als selbstverständlich gegeben hinnimmt. Dass er in Sowjetrussland aufwuchs, sein Land verlassen wollte und schließlich in die super-kapitalistischen USA emigrierte, schärfte seinen Blick für das Großartige und das Armselige an der amerikanischen Gesellschaft. Im Gegensatz zu Franz Kafka, dem Autor von Amerika, kennt er dieses fremde Land und und betrachet seine neue Heimat – allen Merkwürdigkeiten und Irritationen zum Trotz – mit kritischem Optimismus (auch für Kafka war Karl Rossmanns amerikanisches Abenteuer die hoffnungsvollste all seiner Reisen).

Humorist, Beobachter, hochbegabter Designer – Constantin ist in der zeitgenössischen Designszene eine einmalige Erscheinung. Wie und wo soll man jemanden einordnen, der Gegenstände und Möbel entwirft, die von mir und dir stammen könnten, wenn wir nur auf die Idee gekommen wären? Der das Souvenir neu erfindet, Stadtansichten aus Plastiktassen baut und Recycling zum Vergnügen macht? Der neue Designstile entwickelt, die sich auf Bescheidenheit und Rezession beziehen? Der es wagt, mit seinen Denkmälern einige der größten historischen Fragen anzusprechen, und eine Armbanduhr entwirft, von der innerhalb weniger Wochen 50.000 Stück verkauft werden? Der Ausstellungen über das Alltägliche wie über das Tragische gestaltet? Neben alledem ist er ein liebenswerter Mensch. Er arbeitet zusammen mit seiner hochbegabten Frau und liest seinem witzigen, fröhlichen kleinen Sohn Curious George vor. Ist es vorstellbar, dass jemand ihn nicht kennen lernen oder nicht mit ihm arbeiten möchte? Ich wollte beides jedenfalls schon lange. Er schuf einen kleinen, aber denkwürdigen Ausstellungsraum für uns an einem Ort, an dem wir bis dahin unsichtbar gewesen waren (auf der Neocon-Messe in Chicago): Mit einem einfachen grafischen Eingriff verwandelte er die kleine weiße Box unseres Standes in einen warmen, zauberhaften Raum. Danach arbeiteten wir zusammen an Projekten, die nicht realisiert wurden, was unserer Freundschaft und unserem gegenseitigen Respekt aber keinen Abbruch getan hat. Derzeit wird eine von Constantin gestaltete Ladenausstattung in unserem New Yorker Geschäft ein- und aufgebaut. Mehr wird folgen.

Vitra Showroom, Chicago_ 1999. Cette installation, réalisée en peu de temps et avec un petit budget, nous avait été commandée pour le salon Neocon au Merchandise Mart de Chicago. L'espace étant blanc et austère, nous avons suggéré d'y apporter chaleur et humour en «dessinant» le nouveau showroom sur les murs, les fenêtres et le sol. Le contour des dessins, faits à l'ordinateur, était tracé avec du vinyle adhésif noir qui permettait de les coller directement sur les surfaces. Une série de chaises de couleur semblaient exposées à l'intérieur d'un espace tridimensionnel noir et blanc.

Vitra Showroom, Chicago_ 1999. This fast low-budget installation was commissioned for the Neocon presentation at Chicago's Merchandise Mart. To bring some warmth and humor into an austere white space, we suggested to simply "draw" the new showroom on the walls, windows, and floors of the old one. Eventually, the drawings were produced as computer output on black adhesive vinyl, and applied directly to the room's surfaces. A collection of colorful chairs on display appeared as if inside of a three-dimensional black-and-white drawing.

Vitra Showroom, Chicago_ 1999. Diese kostengünstige temporäre Installation wurde für die Neocon-Messe im Merchandise Mart von Chicago in Auftrag gegeben. Um etwas Wärme und Witz in einen strengen weißen Raum zu bringen, schlugen wir vor, den neuen Ausstellungsraum einfach auf die Wände, Fenster und Böden des vorhandenen Raums zu „zeichnen". Die Zeichnungen wurden als Computerausdrucke auf schwarzer Vinylklebefolie produziert und direkt auf die Flächen des Raums geklebt. Die darin gezeigte Kollektion farbenfroher Stühle wirkte wie von einer dreidimensionalen Schwarzweißzeichnung eingerahmt.

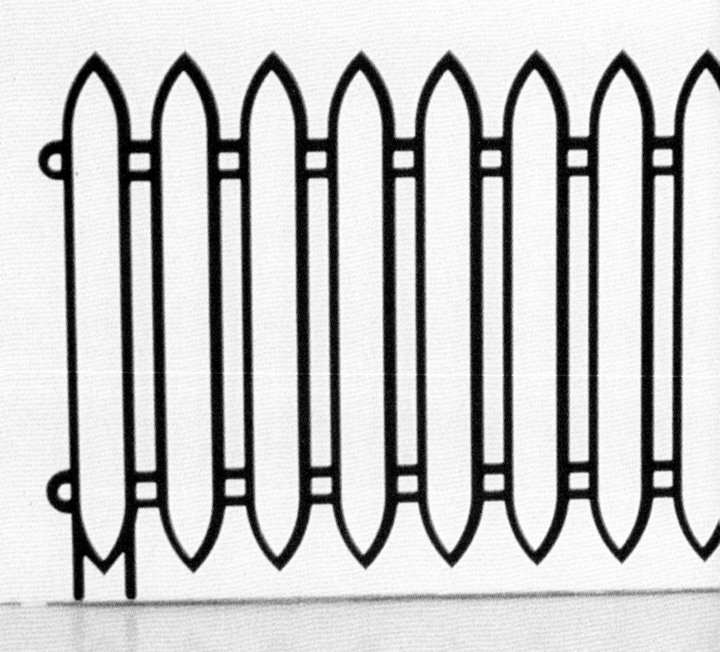

29
28
SOUTH
AMERICA
ATLANTIC
OCEAN
30
18
19
13
12
Explore the Andes. They
stretch along the whole of
South America! Miss a turn.
Fly to Africa,
one of the seven
continents.
Float on a mighty
iceberg. Go back
two spaces.
14
1
2
3
Find some bamboo
for the giant panda.
Walk back one space.
26
India
Swing in the trees with
the orangutans of Borneo
and Sumatra. Miss a turn.
Sumatra
Borneo
Visit this Indian
tomb, the Taj Mahal.
Go back two spaces.
Antarctica:
coldest
Earth!
21
22
Scuba dive near the Great
Barrier Reef in Australia.
Swim back three spaces.
9
SOUTHERN
OCEAN

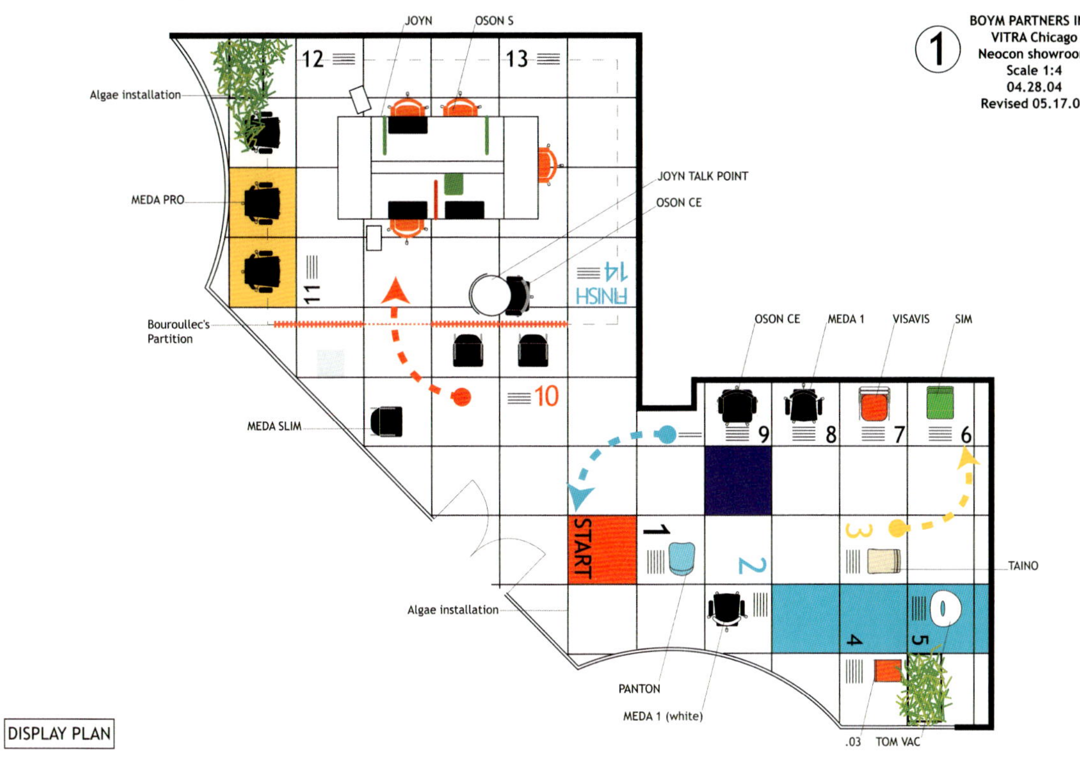

DISPLAY PLAN

Vitra Showroom, Chicago_ 2004. Le deuxième projet commandé par Vitra, à nouveau pour le salon Neocon au Merchandise Mart, devait être réalisé dans un showroom encore plus petit que le premier. Pour compenser la configuration peu commode de l'espace, nous avons fait du sol un tableau de jeu géant (inspiré du jeu pour enfants Around the World). Les images graphiques, décalquées sur du vinyle, étaient appliquées sur un fond en béton spécialement apprêté. Des chaises étaient disposées le long du parcours, jalonné de chiffres et de brefs commentaires amusants. Les visiteurs qui franchissaient la «ligne d'arrivée» étaient chaleureusement félicités.

Vitra Showroom, Chicago_ 2004. The second project for Neocon was commissioned for Vitra's new, even smaller showroom space at the Merchandise Mart. To compensate for an awkward footprint of the showroom, we interpreted the entire floor as an oversized children's board game (Around the World). The graphics were produced as a vinyl transfer and applied onto specially prepared concrete floor. Numbers and brief funny descriptions accompanied the chairs placed along the route. Visitors received congratulations on reaching the finish.

Vitra Showroom, Chicago_ 2004. Beim zweiten Neocon-Messestand, den wir für Vitra gestalten sollten, handelte es sich um einen noch kleineren Ausstellungsraum im Merchandise Mart. Zum Ausgleich des schwierigen Grundrisses interpretierten wir die gesamte Fläche als überdimensionales Spielbrett Around the World. Die mit der entsprechenden Grafik bedruckte Vinylfolie wurde auf den speziell vorbereiteten Betonboden aufgebracht. Ziffern und kurze, witzige Erläuterungen begleiteten die an der Spielstrecke aufgestellten Stühle. Besucher wurden beglückwünscht, wenn sie das Ziel erreicht hatten.

1
START

10
14 FINISH
Game over. Thank you for your time,
and please come play with Vitra
again soon!

10

RCS (Retail Communication System) pour Vitra_ 2003-05. Le système a été développé à la demande de Rolf Fehlbaum pour l'ouverture du magasin de meubles de son entreprise, Vitra Home Collection. Mon défi était de mettre en évidence le caractère unique des produits Vitra, de manière que les clients prennent conscience de la dimension culturelle de chacune des chaises et des tables de la collection. Dans cette optique, j'ai imaginé pour la majorité des meubles exposés des récits illustrés composés d'une présentation du designer, d'un historique et d'un commentaire culturel et visuel.

RCS (Retail Communication System) for Vitra_ 2003-05. The system was developed at the request of Rolf Fehlbaum for his company's foray into residential furniture market, the Vitra Home Collection. My challenge was to emphasize the unique character of Vitra products, to make customers aware of the cultural significance of every chair and table in the collection. For most key furniture pieces I compiled a pictorial narrative that told about the designer, illuminated the history of the piece, and provided a visual cultural commentary.

RCS (Retail Communication System) für Vitra_ 2003-05. Dieses Informationssystem wurde im Auftrag von Rolf Fehlbaum für Vitras Vorstoß in das Marktsegment der Wohneinrichtungen mit der Kollektion Vitra Home entwickelt. Die Herausforderung bestand für mich darin, den einzigartigen Charakter der Vitra-Produkte hervorzuheben und potenzielle Käufer auf die kulturelle Bedeutung jedes Stuhls und jedes Tischs dieser Kollektion aufmerksam zu machen. Für die wichtigsten Stücke stellte ich jeweils eine „Bildergeschichte" zusammen, die den Designer vorstellte, die Designgeschichte des Möbels dokumentierte und insgesamt einen illustrierten Kulturkommentar darstellte.

PANTON CHAIR

Design:
Verner Panton
1960

price = $215

Material: Fiberglass reinforced polypropylene dyed through. The shell is UV and weather-proof and contains additives to prevent early fading. The chair is suitable for outdoor use.

Weight: 5.5 kg

Dimensions: 23" x 19" x 33"

Available in 5 colors:

The Panton Chair is a furniture design classic. Verner Panton created it back in 1960, and with the assistance of Vitra developed a version ready for serial production in 1967.

One of the first fully plastic chairs made from a single mould, the Panton Chair has undergone several production changes. Today it is possible to offer it economically, in line with Panton's original idea.

"Verner Panton is just like a big kid. He is like a glimpse of sun in the humdrum of everyday life."
– Hans Wegner, designer

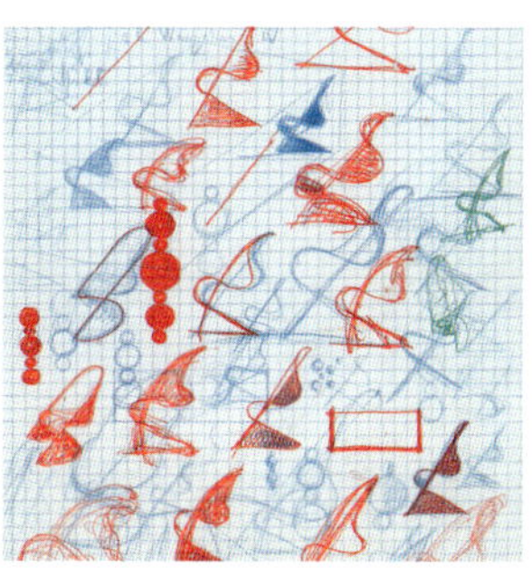

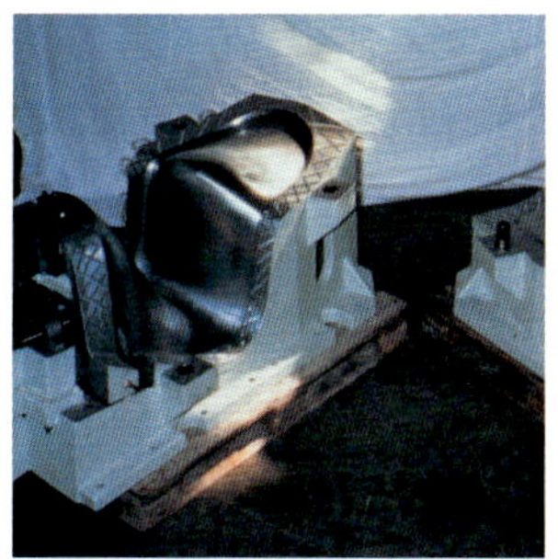

Fair stand, Frankfurt, 1971

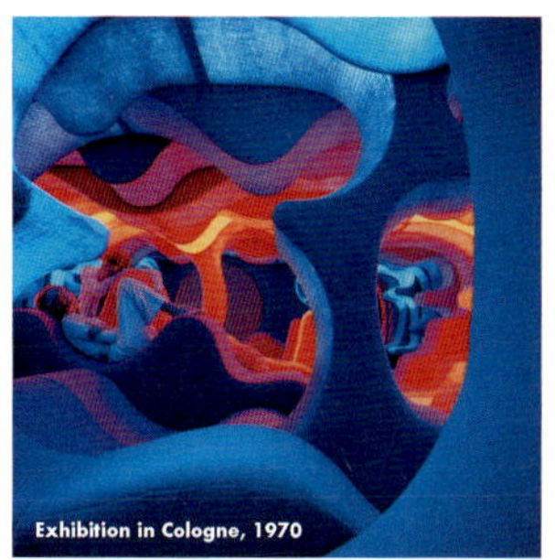
Exhibition in Cologne, 1970

Pour obtenir l'effet souhaité, le système de communication devait être modulable à l'infini. J'ai donc proposé de placer les récits sur des petits panneaux magnétiques en vinyle, à l'image des aimants que les familles américaines collent sur leurs réfrigérateurs. Pour qu'ils adhèrent, les murs ont été peints avec de la peinture magnétique, utilisée jusqu'ici uniquement pour les espaces de jeux pour enfants. Les surfaces magnétisées et une série de socles métalliques disposés çà et là servent de toile de fond pour diffuser les informations visuelles.

To function successfully, the system has to be infinitely flexible. To this end, I proposed to place information on magnetic vinyl tiles, well known in every American family as "refrigerator magnets". To accept the tiles, the walls are painted with "Magically Magnetic Paint", a formula previously used only for children's play spaces. Magnetic walls and a series of floating metal platforms serve as a spatial canvas for the flow of visual information.

Um erfolgreich angewendet zu werden, musste das System äußerst flexibel sein. Deshalb schlug ich vor, Informationen auf kleine magnetische Vinyltafeln zu drucken, die in jeder amerikanischen Familie als „Kühlschrankmagnete" bekannt sind. Damit sie an den Wänden haften, werden diese mit „Magically Magnetic Paint" (magnetischer Farbe) gestrichen, die bislang ausschließlich in Kinderspiel-zimmern verwendet worden ist.

SIDE CHAIR
Design:
Frank O. Gehry
1972
price = $1045

...OW TABLES
Design:
Frank O. Gehry
1972
price = $1235

MOON LAMP
Design:
Verner Panton
1960
price = $675
PLY-CHAIR
Design:
Jasper Morrison
1989
price = $800*

COUPE PAPIER
Design:
Jean Prouvé
1938
price = $110
TEA CUP AND
SMALL SAUCER
Design:
Isamu Noguchi
1950-1960
price = $80
PANTON CHAIR
CLASSIC
Design:
Verner Panton
1960
price = $1095
PRISMATIC
TABLE
Design:
Isamu Noguchi
1957
price = $350
1000 chairs

Vitra envisage dans un premier temps de tester l'impact du système RCS dans son magasin de New York, puis de l'implanter dans le monde entier. Ce projet devrait lui donner une identité intégrant les composantes de l'architecture, de l'information et de l'image de marque. Dans cet espace de vente, culture, éducation et activité commerciale ne font qu'un.

After evaluation of the pilot project in the New York store, Vitra has plans to implement the RCS concept worldwide. This proposal for future Vitra stores aims at almost complete integration of architecture, information, and branding. In this retail environment, culture and education are considered on equal footing with any commercial activity.

Nach der Auswertung des im New Yorker Vitra-Geschäft getesteten Pilotprojekts will Vitra das RCS-Informationssystem weltweit einsetzen. Dieser Entwurf für zukünftige Vitra-Niederlassungen hat die vollständige Verschmelzung von Architektur, Information und Markenbildung zum Ziel. In diesem Geschäftskonzept gelten Kultur und Bildung als gleichberechtigt mit kommerziellen Aktivitäten.

esponsible
using technology
mak!ng cho!ces

Exposition WHAT IS DESIGN TODAY?_ 2002, Philadelphie. À première vue, les visiteurs étaient intrigués, car ils ne voyaient qu'un ensemble de sept volumes platoniciens. Les cubes dévoilaient ensuite peu à peu leur contenu par le jeu d'installations interactives. Dans un cas, les visiteurs étaient invités à «élire» la plus belle poubelle en lançant des balles, dans l'autre à donner leur opinion en collant des Post-it® sur les objets exposés. À la fin du parcours, situé sur le grand autel de la chapelle, ils avaient une vue d'ensemble du «terrain de jeu design» qu'ils venaient d'explorer.

Exhibition WHAT IS DESIGN TODAY?_ 2002, Philadelphia. At a first glance, the exhibition appeared as an enigmatic group of seven Platonic volumes. The display cubes gradually revealed their contents through playful interactive installations. In one instance, the visitors were asked to "vote" on the best trash can by tossing balls; in another, they were invited to voice their opinions by sticking Post-It® notes directly on the displayed objects. At the end of the show, from the high altar of the chapel, the guests had a rewarding experience of viewing the entire "design field" which they had just explored.

Ausstellung WHAT IS DESIGN TODAY?_ 2002, Philadelphia. Auf den ersten Blick erschien diese Ausstellungsarchitektur als Ansammlung von sieben enigmatischen platonischen Körpern (regulären Polyedern). Die sieben Ausstellungs-Kuben offenbarten ihren jeweiligen Inhalt sukzessive anhand spielerischer interaktiver Installationen. In einem Fall wurden die Besucher aufgefordert, für den besten Mülleimer zu „stimmen", indem sie Bälle hineinwarfen, in einem anderen sollten sie ihre Meinung auf Haftzettel schreiben und direkt auf die Exponate kleben. Am anderen Ende der Ausstellung, das heißt vom Hochaltar der Kapelle aus, wurden Besucher dann mit dem Blick über das gesamte „Designfeld" belohnt, das sie soeben erforscht hatten.

 Les pièces des puzzles pour enfants sont des objets fascinants qui permettent de donner libre cours à sa créativité et à son imagination. Pour les vitrines d'Hermès, nous avons suggéré de disposer une série de ces pièces à la fois comme fond coloré et comme supports pour présenter les vêtements et autres articles. L'image d'un centaure – être moitié cheval et moitié homme alliant l'élégance équine à la beauté humaine – évoque le thème emblématique de la maison Hermès. L'installation pouvait être renouvelée ad libitum: il suffisait d'aller «jouer» dans la vitrine, d'y déplacer les pièces pour créer un nouveau personnage imaginaire.

Window Installation for Hermes_ 2004, Tokyo. Children's puzzle blocks are a fascinating toy, an archetype of creative play and fantasy. For the windows of Hermes, we proposed a collection of big puzzle blocks both as a colorful background and as support for clothes and merchandise. The image of a Centaur—an ultimate merge of equestrian elegance with human beauty—evokes a recurrent theme of the house of Hermes. The installation could be renewed every few weeks: a simple shift of the blocks would create a new fantasy creature. All one has to do is to get inside the vitrine, and play.

Schaufensterdekoration für Hermès_ 2004, Tokio. Puzzlewürfel sind ein faszinierendes Spielzeug, ein Archetypus für kreatives, phantasievolles Spielen. Für die Schaufenster der Hermès-Boutique entwarfen wir eine Reihe von „Vergrößerungen" als farbigen Hintergrund und Unterlage für Kleidungsstücke und andere Hermès-Produkte. Das Bild eines Zentaurs – die Eleganz eines Rassepferds in vollendeter Verbindung mit menschlicher Schönheit – greift ein im Hause Hermès wiederkehrendes Motiv auf. Die Dekoration lässt sich alle paar Wochen verändern: Nur leicht verschoben und anders arrangiert schaffen die Puzzlewürfel eine neue Phantasielandschaft. Der Dekorateur muss nur ins Schaufenster steigen und spielen.

Sex Rugs_ 2002, produit par Handy. Pour ces tapis, exemples du «travail expérimental» réalisé par notre studio, nous avons recouru à des techniques artisanales traditionnelles appliquées à des fins non conventionnelles. La laine est tantôt tondue, tantôt bouclée, tantôt laissée longue, donnant aux tapis un aspect tridimensionnel. Les longues mèches des cheveux de la femme peuvent être coiffées au gré de chacun. Bien que la nudité soit très largement présente dans l'art, quelques-uns de nos clients ont trouvé nos tapis subversifs, voire choquants.

Sex Rugs_ 2002, produced by Handy. An example of Boym's "experimental craftsmanship", these rugs employ traditional handicraft techniques to unconventional means. Rugs' texture has an almost three-dimensional quality, with some surfaces sheared, some looped, and some left as a shag. The women's hair is, in fact, an extra-long wool shag, which can be styled or trimmed according to the user's wishes. Even though the nude has been a mainstay in the history of the arts, the rugs proved to be subversive and even offensive to some of our design clients.

Sex Rugs_ 2002, Hersteller: Handy. Diese Teppiche sind Beispiele von Boyms „experimenteller Handwerkskunst": Die Materialien werden in traditioneller Handarbeit zu unkonventionellen Stücken verarbeitet. Die Oberflächentextur ist ein Relief aus kurz geschorenen und genoppten Flächen sowie Stellen mit lang belassenen Wollfäden. Tatsächlich ist das Haar der Frau ein langhaariger „Wollschopf", der nach Belieben des Käufers gestylt oder geschnitten werden kann. Obwohl doch der Akt in der Kunstgeschichte seit jeher eine Hauptrolle gespielt hat, empfanden einige unserer Designkunden die Teppiche als aufrührerisch, ja sogar anstößig.

Surprise Notebooks_ 2003, produit par Traffic Works. Nous nous sommes inspirés pour cette série de carnets des images populaires ornant les carreaux de cheminée: enfants aux grands yeux, chatons, chevaux romantiques, fleurs tropicales. Chaque carnet est composé d'une double couverture. En soulevant la première, transparente, la seconde apparaît, agrémentée d'un commentaire inattendu et amusant sur l'image d'origine. Le bébé bleu est un «portrait» de notre fils Bobby, à l'âge où il perdait ses dents de lait.

Surprise Notebooks_ 2003, produced by Traffic Works. A series of small notebooks appropriates the popular imagery of Mantelpiece Painting: big-eyed children, cute kittens, romantic horses, tropical flowers. Each notebook has a double cover. On lifting a first transparent cover, a second one is revealed, which provides an unexpected funny commentary on the conventional icon. The blue boy is a "portrait" of our son Bobby, who was losing his baby teeth at the time.

Surprise Notebooks_ 2003, Hersteller: Traffic Works. Eine Reihe kleiner Notizbücher macht sich die bei Durchschnittsamerikanern populären Motive von „Kaminsims-Bildern" zu Eigen: großäugige Kinder, niedliche Kätzchen, romantische Pferde, tropische Blüten. Jedes Notizbuch hat einen doppelten Umschlag. Wenn man den ersten, transparenten entfernt, kommt ein zweiter zu Tage, der einen überraschenden, witzigen Kommentar zum üblichen Gegenstand der Verehrung abgibt. Der blaue Knabe ist ein „Porträt" unseres Sohnes Bobby, dem damals gerade die ersten Milchzähne ausfielen.

美
通
傳
訊
好消息！

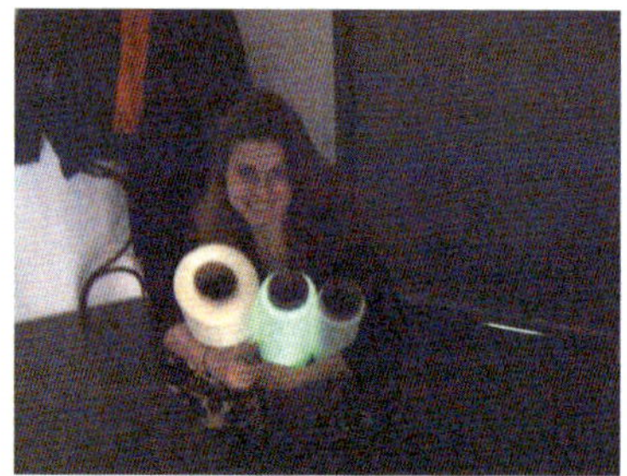

Glow Rug_ 2001, prototype. C'est certainement la première fois qu'un tapis est confectionné avec des fibres phosphorescentes, utilisées à l'origine pour signaler les sorties de secours. Après avoir été exposés à la lumière du jour ou d'une lampe, les contours des motifs brillent légèrement dans l'obscurité. Le matériau technologique innovateur permet d'allier l'aspect décoratif traditionnel à une interaction d'un nouveau genre. Petit clin d'œil humoristique, le dessin évoque une enseigne lumineuse au néon, témoin désuet d'une technologie dépassée.

Glow Rug_ 2001, prototype. Most likely, this is the first rug made with phosphorescent fiber, originally formulated for emergency exit signage. Exposure to daylight or electric light enables the outline of the pattern to gently glow at night. A conventional decorative rug enters into a new interaction with the user, thanks to its innovative technological material. With a bit of irony, the décor itself evokes old-fashioned neon signage of generic outdated technology.

Glow Rug_ 2001, Prototyp. Wahrscheinlich ist dies der erste aus phosphoreszierenden Fasern gewebte Teppich der Welt. Ursprünglich war er als Markierung von Fluchtwegen gedacht. Wenn der Teppich tagsüber Tages- oder auch Kunstlicht erhält, phosphoreszieren die Umrisse des Musters in der Nacht. Dank seines neuartigen technoiden Materials interagiert somit ein „normaler" dekorativer Teppich auf neue Weise mit seinem Nutzer. Mit ein bisschen ironischer Phantasie erkennt man im Dekor Anklänge an die typischen altmodischen, technisch veralteten Neonreklamen.

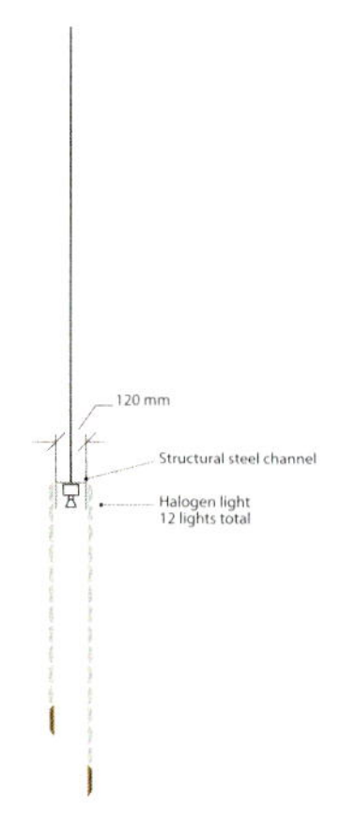

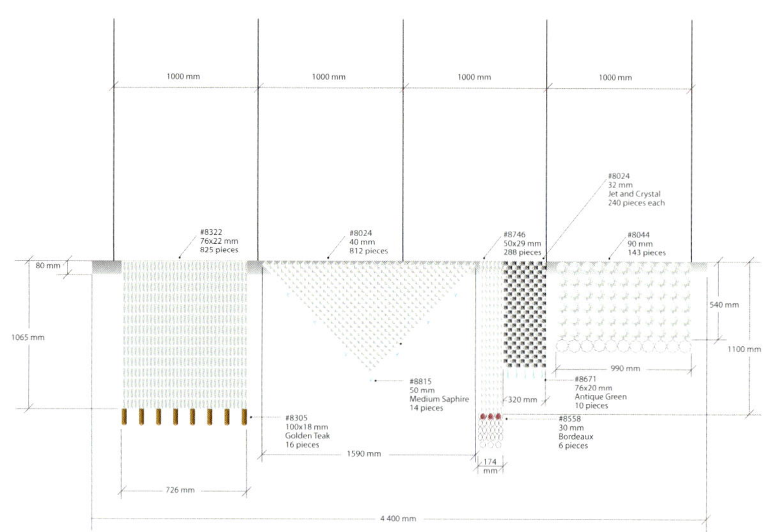

FRONT VIEW
Scale : 1/20

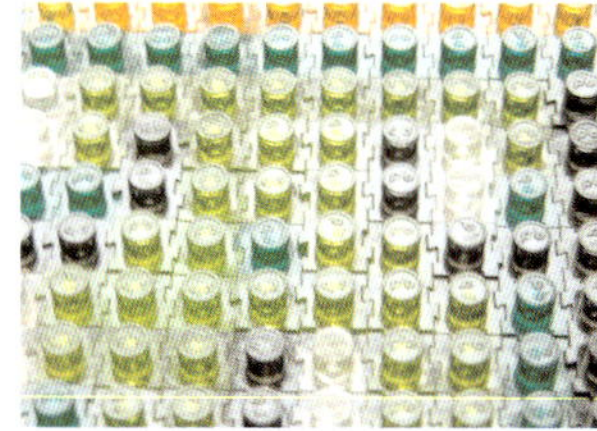

Crystal Rugs Chandelier_ 2004, produit par Swarovski. Les consignes pour ce projet étaient de «réinventer le lustre» et de créer une vitrine pour la maison Swarovski, célèbre pour son cristal taillé. Nous avons proposé de superposer des couches composées de centaines de cristaux de formes et de textures différentes. Suspendues sur une rampe de lumières allumées en permanence, elles évoquaient un drap de cristal étincelant, mesurant quelque cinq mètres de long. Nous envisageons de créer des lustres de plus petite taille, pour des particuliers.

Crystal Rugs Chandelier_ 2004, produced by Swarovski. The brief for the project called for "reinventing the chandelier", and asked to provide a showcase for the company's famed cut crystal. We proposed to assemble crystal sheets of varied shapes and textures, using hundreds of standard crystal components. The sheets hung over one continuous electrified channel, like glittering crystal laundry. While the monumental exhibition prototype was almost 5m long, we also envisioned a family of smaller chandeliers for residential use.

Crystal Rugs Chandelier_ 2004, Hersteller: Swarovski. Der Auftraggeber wünschte sich eine „Neuerfindung des Kronleuchters" und ein „Paradebeispiel" für die Verwendung der berühmten geschliffenen Bleikristalle der Firma bei Lampen. Wir entwarfen eine Hängelampe aus verschieden geformten und strukturierten „Matten", die wiederum aus Hunderten genormter Bleikristallstücke bestanden. Diese Matten hingen wie glitzernde Kristallwäschestücke über einer Strom führenden Metallröhre. Während der monumentale Prototyp für den Ausstellungsraum fast fünf Meter lang war, entwarfen wir auch eine Produktfamilie kleinerer Kronleuchter für Wohnräume.

Real Plates_ 2004, produit par Conduit (pour le Musée national du design). En 2004, le Musée national du design Cooper-Hewitt à New York a lancé un programme innovateur dans le registre très peu exploré des souvenirs. Les six assiettes sont ornées de reproductions d'images reprises de «vraies» assiettes appartenant à la précieuse collection de porcelaine du musée. Plutôt qu'une carte postale, les visiteurs peuvent ainsi acheter un souvenir à la fois fonctionnel et durable. Les motifs historiques, apposés sur une surface blanche, confèrent aux objets un caractère particulier, traditionnel et contemporain à la fois.

Real Plates_ 2004, produced by Conduit (for National Design Museum). In 2004, Cooper-Hewitt National Design Museum in New York started an innovative program in a much ignored product genre of Museum Souvenir. The group of six dinner plates features images of "real plates" from the priceless holdings of the Museum's porcelain collection. Instead of a postcard, a visitor can purchase a lasting functional object-souvenir. Historical patterns, reproduced on a clean white field, give the objects a particular character, traditional and contemporary at the same time.

Real Plates_ 2004, Hersteller: Conduit (für das National Design Museum). 2004 lancierte das Cooper-Hewitt National Design Museum in New York ein innovatives Designprogramm für die weitgehend vernachlässigte Produktart des Museums-Souvenirs. Die sechs Essteller des Sets sind mit Abbildungen „tatsächlicher Teller" (real plates) aus der wertvollen Porzellansammlung des Museums dekoriert. Statt einer Postkarte können Besucher also ein wesentlich dauerhafteres Andenken erwerben. Die historischen Dekors auf einer rein weißen Fläche verleihen den Souvenir-Tellern ihren besonderen Charakter – traditionell und zugleich modern.

Six Socks_ 2003, produit par Conduit. Les chaussettes-souvenirs sont souvent d'un goût douteux. Le design de cette série spéciale est radicalement différent. Six bâtiments nous remettent en mémoire six villes américaines. Au même titre que les souvenirs démodés d'un hôtel ou d'une compagnie aérienne, les chaussettes – mises en valeur par un emballage sophistiqué – suggèrent la collection «instantanée» du grand voyageur.

Six Socks_ 2003, produced by Conduit. Souvenir socks, a traditional gift typology of often-questionable taste, receives a radical design treatment in this special gift set. Six singular architectural icons represent distilled memories of six American cities. Like old-fashioned hotel and airline memorabilia, the socks suggest an "instant" traveler's collection, further emphasized by the set's elaborate packaging.

Six Socks_ 2003, Hersteller: Conduit. Socken als Andenken – ein traditionelles Geschenk von vielfach zweifelhaftem Geschmack – haben für diese Geschenkpackung mit drei Paar Socken eine radikale Designkur durchgemacht. Sechs berühmte Gebäude mit Kultstatus repräsentieren auf ihnen die „destillierte Erinnerung" an sechs amerikanische Städte. Wie altmodische Werbeartikel verschiedener Hotels und Fluggesellschaften suggerieren diese Socken die „Express-Sammlung" eines Vielgereisten, was von der aufwändigen Verpackung noch betont wird.

Paper Cup_ 2005, produit par Conduit. Tous les New-Yorkais sont habitués à croiser des passants en train de siroter une boisson dissimulée dans un emballage de papier brun (à l'origine, c'était un moyen «légal» de consommer de l'alcool à l'extérieur aux yeux de tous). La Paper Cup [NdT: tasse en carton], ornée d'un sac en papier froissé, est une évocation humoristique de nos habitudes quotidiennes.

Paper Cup_ 2005, produced by Conduit. Every New Yorker is familiar with the sight of a street passerby sipping a drink, concealed inside a brown paper bag. (Originally, this was a "legal" way to consume alcohol outdoors in public view.) A paper cup, decorated with the pattern of a wrinkled paper bag, serves as a humorous commentary on our daily routines.

Paper Cup_ 2005, Hersteller: Conduit. Jedem New Yorker ist der Anblick von Straßenpassanten vertraut, die im Gehen aus einem Pappbecher trinken, der in einer braunen Papiertüte steckt. Dies stammt aus einer Zeit, als man nur so „legal" in der Öffentlichkeit Alkohol konsumieren konnte. Ein mit dem Muster einer zerknitterten Papiertüte dekorierter Pappbecher stellt einen humorvollen Kommentar zu dieser amerikanischen Alltagsgewohnheit dar.

Quel dommage de ne pas avoir rencontré les Boym avant juillet 2003. Jusque-là, j'avais vu quelques-uns de leurs projets dans des revues de design – mais très peu, je l'avoue – et la grande majorité de leurs travaux n'avaient encore jamais été exposés en Europe. Le jour où j'ai découvert tous les objets qu'ils avaient créés, je me suis senti comme un enfant devant une énorme boîte de chocolat: ils avaient tous quelque chose de spécial et je ne savais pas par lequel commencer.

Alors que la plupart des designers actuels tentent désespérément de trouver une identité, un langage formel ou tout autre moyen pour que le grand public, voire leurs collègues, reconnaissent instantanément leurs œuvres, les Boym ont choisi la voie de la recherche permanente pour créer des objets tous mieux conçus les uns que les autres. Dépassant les limites du design de produit et considérant chaque projet comme une expérience nouvelle, Constantin et Laurene Boym sont l'exemple type d'un mode de pensée indépendant et personnel. Leurs œuvres, rafraîchissantes et originales, conjuguent avec bonheur l'ironie, l'humour, la jeunesse d'esprit, la simplicité, l'innocence et la légèreté. Autant de qualités doublées, chez ce couple d'exception, d'une maturité et d'un don d'observation conférant à leurs objets sens et puissance.

Hélas très insuffisamment (re)connus sur la scène du design contemporain, le studio Boym se tient délibérément à distance des diktats de la mode. Leurs objets et leurs créations ont une âme. Ils les conçoivent avec leurs tripes et cela se sent. Ils n'ont que faire du marketing ou des conseils du voisin. Pas facile bien sûr de survivre en travaillant ainsi, et les Boym en ont d'ailleurs payé le prix plus d'une fois. Ils ont été incompris, leur approche étant probablement jugée trop intellectuelle. Mais ils sont restés fidèles à leurs convictions envers et contre tout. Rien ne les a fait abandonner: pas plus les nombreux projets qu'ils n'ont pu mener à bien que les réactions de leurs clients ou les critiques de la presse. Les unes comme les autres ont été plus particulièrement virulentes aux États-Unis, où un designer doit avant tout être capable de résoudre des problèmes et où l'industrie n'aime pas le côté «home made / hand made» qui émane de leurs créations. Qu'elles soient fabriquées en quantité limitée ou en série, elles relèvent toutes à la fois du design, de l'art et de la vie ordinaire. C'est cette «normalité» qui les rend si spéciales et attrayantes. De mon point de vue, la recette des Boym, c'est leur faculté d'observer les comportements et situations de la vie quotidienne, de les distiller pour n'en garder que l'essence et d'y ajouter de subtiles touches d'esprit. L'humour est certes souvent présent dans le design actuel, mais il est le plus souvent éphémère, alors que chez les Boym, il est intemporel. Il a évolué avec eux, au fil de leurs expériences, et fait aujourd'hui partie intégrante de leur image de marque.

Si la pratique du design n'est pas chose facile, son enseignement l'est encore moins. Après avoir été ébloui par les œuvres des Boym, je n'avais plus qu'une envie: voir ce que Constantin Boym pouvait faire avec un groupe d'étudiants. Nous avons donc décidé, avec Pierre Keller, directeur de l'ECAL*, de l'inviter à animer un atelier. En décembre 2003, il a passé une semaine avec une classe du département de design industriel et design de produit.

Constantin avait tout d'abord envisagé de traiter le thème des urnes funéraires. Son projet, baptisé The final choice, était certes intéressant et innovateur, mais pas très gai! Après réflexion et discussion, il a opté pour les objets de musée, un concept sur lequel il avait lui-même travaillé en 1994. Il a demandé aux étudiants de choisir un musée et de le présenter en expliquant ce qu'ils lui trouvaient de particulier. Pour ma part, j'observais Constantin: comment il travaillait, discutait avec eux, décortiquait leurs idées et les laissait exprimer librement ce qu'ils voyaient et pensaient, le tout dans une ambiance très détendue et paisible. Réfléchir, puis agir, tel était le leitmotiv. Il s'agissait d'étudiants de première année, qui manquaient bien sûr d'expérience et d'assurance, mais Constantin est arrivé à tirer le meilleur de chacun d'eux et à les amener non seulement à créer des projets de qualité, mais aussi à comprendre comment ils y étaient parvenus. Et tout cela sans s'imposer ni imposer ses idées; il ne faisait que les maintenir sur la bonne voie, ce qui leur permettait de se concentrer sur les différentes étapes du processus et sur l'aspect créatif. A la fin de la semaine, les résultats étaient étonnants: des projets simples et sobres, mais aboutis, empreints d'une profondeur conceptuelle et d'une formalisation claire et précise. Cette expérience fut donc un succès sur toute la ligne et j'espère que nous pourrons la renouveler sans tarder.

Des designers comme les Boym apportent incontestablement un bol d'air frais dans notre société de consommation à tout crin. Leurs objets tout comme leurs projets sont dépouillés de tout artifice, de tout ajout inutile. En un mot, ils sont purs. Quelle chance de ne pas avoir rencontré Laurene et Constantin après juillet 2003! Alexis Georgacopoulos_ responsable du département design industriel à l'ECAL, Lausanne

* École cantonale d'art de Lausanne

 I had already seen some of their projects in design magazines—but only scarcely, I must admit—and most of their works didn't get the opportunity to be exhibited in Europe. So, when discovering more of what the Boyms had done, I felt a bit like a child in front of a large box of chocolates: which one do I start with? They all have something special about them!

Nowadays where most designers try desperately to find an identity, a formal language or a way to make their works directly recognizable to the mass public and even other fellow designers, the Boyms choose to be driven by a permanent search related to creativity and are preoccupied with making well thought-out objects. Reaching beyond the boundaries of product design and approaching every project as a new experience, the works of Constantin and Laurene Boym are a typical example of an independent and personal way of thinking. Surprisingly refreshing, with a pinch of irony and wit, youthful and without any pretensions, with a lot of innocence and lightness, but with all the maturity and observation needed to make an object meaningful and strong.

Still—to my regret—an outsider in today's design industry, the Boym Studio voluntarily keeps away from what fashion dictates. Their objects and creations have a soul, you can feel they come from their guts and not from the marketing or trend consultancy next door. It is not easy to survive when working this way and the Boyms have paid the price several times. They have been misunderstood and probably thought of as having an overly intellectual approach. Numerous shelved projects haven't made them give up on their beliefs despite the reactions of their clients or the press, specially in America where a designer is mainly considered to be a problem-solver and applied where the industry doesn't like the home-made, handmade feeling their projects have. Ranging from limited edition ready-made objects to industrially mass-produced items, the works of the Boyms evolve in a field between design, art and common everyday-life. This "commonness" is what makes their creations so special and appealing. Observing common behavior and situations, distilling them, keeping the essence and mixing it with lots of subtle humor would be for me the typical Boym recipe! Humor of course can easily be found today, but it's usually more of a one-line joke that tends to quickly fade away. Boym humor is timeless, it has evolved through their lifetime experience and has become one of the trademarks of their work.

It is certainly not easy being a designer and it is even harder being involved in design education. After being so overwhelmed by the Boyms' works it seemed natural to me that the next challenge would be to see what somebody like Constantin Boym could do with a group of design students. So Pierre Keller, director of ECAL*, and myself decided to invite Constantin to run a one-week workshop with the students of the school's industrial and product design department in December 2003.

Constantin's first choice for the workshop was to work on funerary urns, a project entitled The final choice which was certainly interesting and innovative but in a sense not very optimistic… After some thought and discussion he decided to work on museum souvenirs—a project he himself had worked on in 1994. He first asked the students to choose a museum as a starting point and told them to visit "their" museum. The students presented their choices underlining the reason of their particular interest in each museum. I noticed how Constantin was working with the students, going from one to the next and discussing with them, talking through all their ideas and letting them express their views and thoughts freely. It was all done in a very relaxed and peaceful way, the important point being to think first and then act. These were 1st year students with little experience and also little self-confidence but Constantin managed to bring out the best in them and not only got them to come up with good projects but also made them understand how they did it. What I appreciated a lot was that Constantin didn't impose himself or his ideas on the students but instead guided them to the result. This way each student learned more in the process and concentrated on the creative aspect of the project. At the end of the week the results were astonishing! Simple, direct and well-resolved projects but with conceptual depth and clear formalization. A success not only design-wise but also educationally. I can only hope that we will repeat this kind of experience soon!

Designers like the Boyms do a lot of good for the crazy consumer-based society we live in. They strip their objects and their other creations from every nonsense or artificial addition keeping it raw and honest. How lucky I have been to meet them no later than July 2003! **Alexis Georgacopoulos_ head of design department at ECAL, Lausanne**

* École cantonale d'art de Lausanne / University of Art and Design, Lausanne, Switzerland

 Einige ihrer Projekte hatte ich zwar schon in Design-Zeitschriften abgebildet gesehen, zugegebenermaßen aber nur selten, und die wenigsten ihrer Werke wurden in Europa ausgestellt. Als ich daher mehr über sie und ihre Arbeit erfuhr, fühlte ich mich ein bisschen wie ein Kind vor einer großen Schachtel Pralinen: Mit welcher soll ich anfangen? Alle sind etwas Besonderes!

Heutzutage bemühen sich die meisten Designer angestrengt um unverwechselbare Identität, um eine eigene Formensprache oder den Wiedererkennungswert ihrer Entwürfe für das Massenpublikum oder sogar ihre Designerkollegen. Die Boyms dagegen entschieden sich für die unaufhörliche schöpferische Suche nach (sprich Entwicklung von) gut durchdachten Gegenständen. Die Designobjekte von Constantin und Laurene Boym überschreiten die Grenzen des eigentlichen Produktdesigns und sind typische Beispiele für unabhängiges Denken und persönliche Auffassungen – erstaunlich frisch, mit einer Prise Ironie und Witz versehen, jugendlich und unprätentiös, voller Unschuld und Leichtigkeit, aber auch mit der nötigen Reife und Perfektion, die einem Gegenstand Bedeutung und Ausdruckskraft geben.

Zu meinem Bedauern ist das Boym Studio in der heutigen Designszene immer noch ein Außenseiter, wobei die Boyms selbst es vermeiden, dem Diktat der Mode zu folgen. Ihre Kreationen haben Seele, man sieht ihnen an, dass sie „aus dem Bauch" kommen und nicht dem Rat des Marketing- oder Trendberaters um die Ecke gefolgt sind. Wenn man so arbeitet, ist es schwer, über die Runden zu kommen, und die Boyms haben mehrfach einen hohen Preis dafür gezahlt. Sie werden missverstanden; viele halten ihren Ansatz wohl für zu intellektuell. Aber trotz zahlreicher „Schubladen-Projekte" und kritischer Reaktionen von Kunden und den Medien halten sie an ihren Überzeugungen fest. Das ist besonders in Amerika schwer, wo Designer vor allem als Problemlöser gelten und die Industrie den „handgemachten" Charakter der Boym-Produkte ablehnt. Die Arbeiten der Boyms – von limitierten Produkt-Auflagen zu Massenartikeln – entwickeln sich im Spannungsfeld zwischen Design, Kunst und Alltagsleben. Es ist diese „Gewöhnlichkeit", die ihre Kreationen so außergewöhnlich und so besonders reizvoll macht. Weit verbreitete Verhaltensweisen und Situationen beobachten, diese künstlerisch „destillieren", die Essenz vorrätig halten und mit einer gehörigen Portion subtilem Humor verrühren – so lautet für mich das typische Boym-Rezept! Humor findet sich heute leicht, meistens aber eher in Form witziger Einzeiler, deren (Lach)Reiz schnell verfliegt. Der Humor der Boyms ist zeitlos, er entspringt ihrer Lebenserfahrung und ist zu einem Markenzeichen ihres Schaffens geworden.

Als Designer zu arbeiten ist nicht leicht, Design zu lehren noch viel weniger. Nachdem mich die Arbeiten der Boyms so stark beeindruckt hatten, war es nur natürlich, dass ich erleben wollte, wie sie sich der Herausforderung stellen würden, mit einer Gruppe von Design-Studenten zu arbeiten. Pierre Keller, Direktor der École cantonale d'art de Lausanne (ECAL, Schweiz), und ich beschlossen daher, Constantin Boym einzuladen, im Dezember 2003 für die Studenten des Fachbereichs Industrie- und Produktdesign einen einwöchigen Workshop abzuhalten.

Als erstes schlug Constantin das Projekt The final choice vor – den Entwurf von Begräbnisurnen –, sicherlich ein interessantes und ungewöhnliches Designthema, allerdings kein besonders zukunftsfrohes… Nach etlichen Gesprächen und einiger Überlegung entschloss er sich dann für das Projekt „Museums-Souvenirs", das er selbst schon 1994 bearbeitet hatte. Er forderte die Studenten auf, sich ein bestimmtes Museum als Ausgangspunkt auszusuchen und es auch zu besuchen. Die Workshop-Teilnehmer erklärten dann, warum sie sich jeweils für „ihr" Museum entschieden hatten. Ich beobachtete, wie Constantin mit den Studenten arbeitete, von einem zum andern ging, mit ihnen diskutierte, auf ihre Ideen einging und sie offen und frei reden ließ. Die Atmosphäre war dabei stets entspannt und ruhig, entsprechend der Devise „erst denken, dann handeln". Die Studenten waren im ersten Studienjahr, hatten also kaum Erfahrung und noch wenig Selbstvertrauen, aber Constantin schaffte es, das Beste aus ihnen herauszuholen, so dass sie nicht nur gute Produkte entwarfen, sondern auch lernten, wie sie es machen mussten. Besonders gefiel mir, dass er den Studenten nicht seine eigenen Ideen aufzwang, sondern sie zu ihren eigenen Schlüssen hinführte. Dadurch lernten sie alle viel mehr und konnten sich auf die gestalterischen Aspekte der Designaufgabe konzentrieren. Die Ergebnisse des einwöchigen Workshops waren erstaunlich: einfache, direkte, gute und klar formulierte Designlösungen mit konzeptuellem Tiefgang. Der Workshop war ein voller Erfolg – nicht nur im Hinblick auf die Designergebnisse, sondern auch auf die Pädagogik. Ich kann nur hoffen, dass wir diese Veranstaltung schon bald wiederholen werden. Designer wie die Boyms tun unserer überdrehten Konsumgesellschaft gut. Sie bewahren die Ursprünglichkeit und Ehrlichkeit ihrer Objekte und Kreationen, indem sie jeden Firlefanz und alle künstlichen „Anhängsel" weglassen. Ich schätze mich glücklich, dass ich sie schon im Juli 2003 kennen gelernt habe! Alexis Georgacopoulos_ Leiter der Abteilung Produktdesign an der ECAL, Lausanne

The End

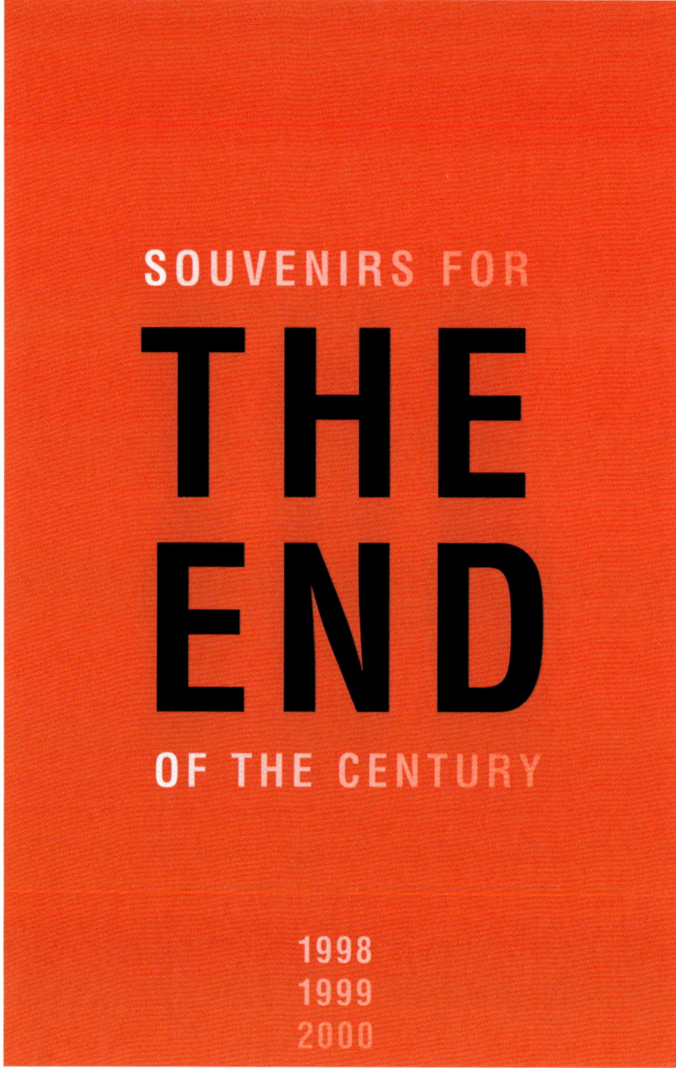

SOUVENIRS FOR
THE
END
OF THE CENTURY
1998
1999
2000

Souvenirs for The End of the Century_ 1998–2005, produced by Boym Partners. Souvenirs for The End of the Century started in 1998 as a three-year-long project, a Boym studio's response to the eagerly anticipated celebrations of the New Millennium. Recognizing that the end of the century generates a particular mood of introspection, a desire to look back and to reminisce, we decided to create limited editions of unusual souvenirs based on the century's troubled history. All production was supposed to stop after the century's official end on December 31, 2000. The subsequent events of September 11 changed our plans in a radical way.

RED APPLE PRESCHOOL
THANKS OUR HEROES

Images du World Trade Center créées par des enfants à New York et par des artisans indiens à New Delhi.

Images of the World Trade Center created by the children in New York, and by Indian artisans in New Delhi.

Bilder des World Trade Center, gezeichnet von New Yorker Kindern und indischen Künstlern in Neu Delhi.

 la plus controversée – mais aussi la plus appréciée –, était composée de bâtiments évocateurs d'événements tragiques ou douloureux. Qu'il s'agisse de symboles architecturaux prisés ou de constructions quelconques et anonymes, la catastrophe a complètement changé la perception qu'en avait la population. Les images d'édifices ravagés par un incendie ou une explosion donnent de l'histoire de l'architecture une vision différente, basée sur l'implication émotionnelle bien plus que sur l'analyse intellectuelle.

Les informations que nous avons retenues pour réaliser les miniatures sont issues des journaux et des magazines. Dès le départ en effet, j'avais décidé de me baser sur la représentation qu'en avaient donnée les médias. Il me paraissait important, pour intensifier l'impact émotionnel, de ne pas entrer dans des détails architecturaux mais, au contraire, de réduire les objets à l'essentiel, quitte à prendre des libertés par rapport à l'original. Fabriquées avec un alliage de nickel, les répliques pèsent un poids substantiel et donnent une impression de solidité.

Beaucoup de ceux qui ont aimé les Buildings of Disaster les ont comparés à des œuvres d'art étranges et excentriques. Pour moi, ce sont des objets de design, pas de l'art. Outre leur canal de distribution – un catalogue de commande en ligne –, leur prix ($ 95 la pièce), sans être bon marché, est certainement inférieur à celui d'une œuvre d'art. Bien sûr, le rôle des objets-souvenirs est souvent «flou»: ils répondent à un besoin immatériel et leur «pouvoir» est lié non pas à une performance fonctionnelle, mais à la communication, à l'émotion et au désir. Chacun interprète ces miniatures à sa façon et leur attribue ses propres références pour matérialiser un souvenir.

Ces considérations se sont pleinement confirmées dans les semaines qui ont suivi la tragique journée du 11 septembre 2001. À mon grand étonnement, nous avons été submergés de demandes, spécialement pour la réplique – épuisée – du World Trade Center, que nous avions créée suite à l'explosion de 1993. Nous avons même reçu des commandes de personnes qui avaient travaillé dans les Twin Towers et survécu à l'attentat. Ces réactions traduisaient manifestement un réel besoin émotionnel. Après bien des hésitations et des réflexions d'ordre éthique, nous avons décidé de rééditer la miniature du World Trade Center et de donner les recettes à une œuvre de bienfaisance. La même année, nous avons produit le September 11 Memorial Set, composé d'une miniature des tours portant les blessures de l'attentat et une du Pentagone. Pour ce qui est des Buildings of Disaster, nous en poursuivons l'édition et y ajoutons de nouveaux monuments historiques chaque année.

TRADE CENTER
SEPT·11·2001

The most controversial—and the most successful—among the souvenirs was a collection called Buildings of Disaster, the mementoes of tragic or terrible events. Some of these buildings may have been prized architectural landmarks, others—non-descript anonymous structures. But disaster changes everything. The images of burning or exploded buildings make a different, popular history of architecture, one based on emotional involvement rather than on scholarly analysis.

The information for making the miniatures came from the pages of newspapers and magazines. From the beginning, I made the decision to operate with what had already been sifted through media representations. It felt important not to get into architectural details, but to allow for generalizations and even distortions, to heighten the emotional impact of the objects. Made of bonded nickel, the miniature buildings have a substantial weight, and a feel of solid metal.

Many who liked Buildings of Disaster, have likened them to strange and eccentric artworks. For me, they are objects of design, not art. Their distribution channel is a mail-order catalogue, and their price ($ 95 a piece), while not exactly cheap, is certainly not a typical price for art. Of course, the function of the souvenir objects is often "fuzzy": they fulfill an immaterial need. These products' "working" is based not on functional performance, but on communication, emotion, and desire. People put their own meaning into the miniatures, and they find their own personal ways to use them as material for memories.

These ideas came into clear focus in the weeks that followed the tragic day of September 11, 2001. To my amazement, we got inundated with requests for the souvenirs, specifically for our old sold-out miniature of the 1993 World Trade Center explosion. Orders came even from the former occupants of the Twin Towers who survived the deadly attack. Obviously, there was a real emotional necessity there, a need that had to be fulfilled. After much hesitation and soul-searching, we made a decision to re-issue the old World Trade Center miniature as a fund-raising effort, donating the proceeds to charity. Later that year, we produced the September 11 Memorial Set, which included a miniature of the scarred Towers and one of the Pentagon. The editions of Buildings of Disaster still continue, with more historical monuments added every year.

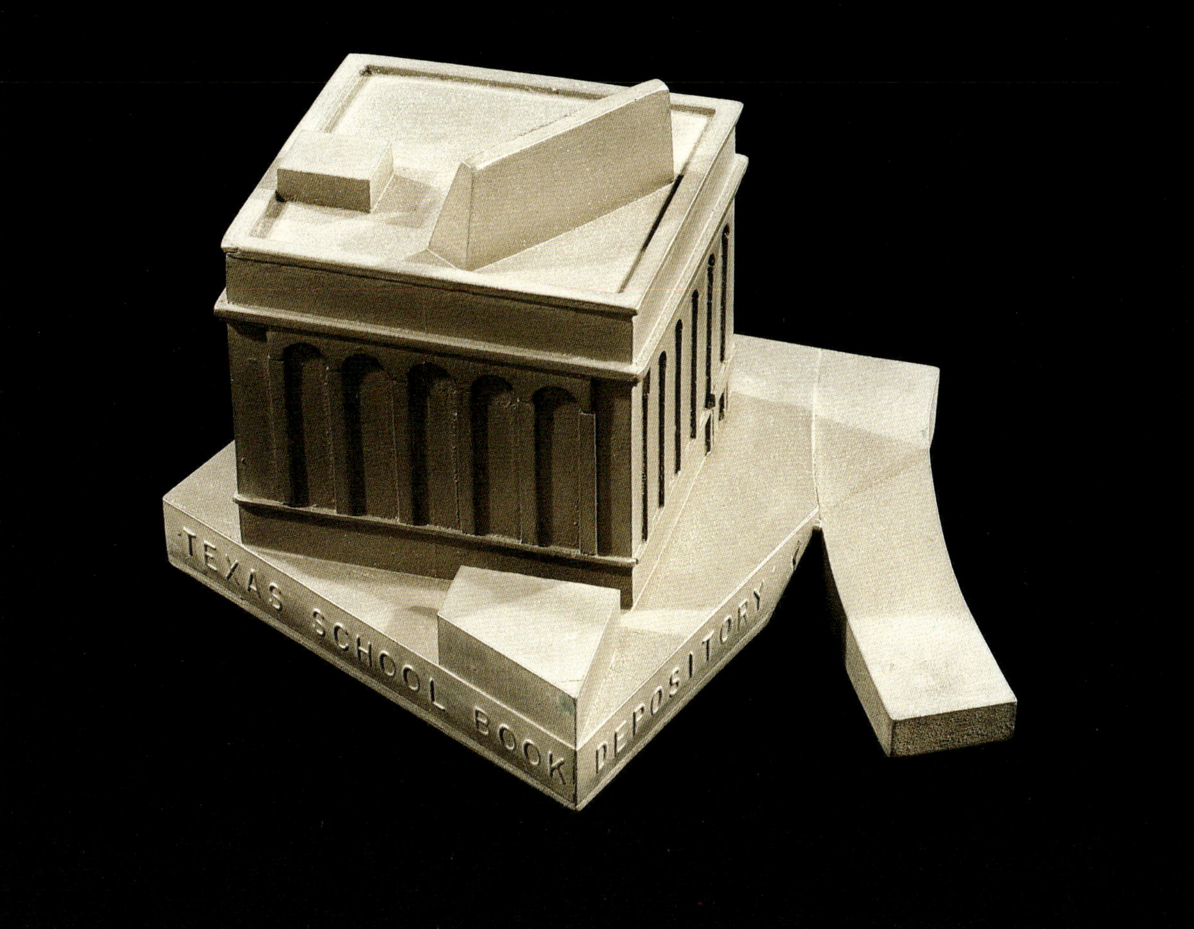

TEXAS SCHOOL BOOK DEPOSITORY

 aber auch erfolgreichsten Souvenirs waren die Stücke der Kollektion Buildings of Disaster, Andenken an tragische Katastrophen. Bei einigen dieser Bauten handelte es sich um berühmte Baudenkmäler, andere waren architektonische Massenware unbestimmter Herkunft. Die Bilder brennender oder explodierender Gebäude erzählen eine andere, populistische Architekturgeschichte, die auf die emotionale Beteiligung des Betrachters statt auf akademische Studien setzt.

Die den Miniaturen zu Grunde liegenden Informationen bezogen wir aus Zeitungen und Zeitschriften. Von Anfang an war ich entschlossen, mit dem Informationsmaterial zu arbeiten, das bereits durch die Medien gefiltert worden war. Es erschien mir wichtig, mich nicht auf architektonische Details zu konzentrieren, sondern verallgemeinerte und sogar verzerrte Darstellungen zuzulassen, um die emotionale Wirkung der Objekte zu steigern. Die Gebäudeminiaturen bestehen aus Nickelteilen, sind ziemlich schwer und wirken wie massive Metallstücke.

Viele, denen die Buildings of Disaster gefielen, haben sie als seltsam anmutende, exzentrische Skulpturen aufgefasst. Für mich sind es Designobjekte, keine Kunstwerke. Sie werden von Versandhäusern vertrieben, für 95 Dollar pro Stück. Das ist zwar nicht ganz billig, wäre aber auf dem Kunstmarkt ein ganz untypischer Preis. Die Funktion eines Souvenirs ist natürlich häufig „verschwommen", es erfüllt ein sozusagen immaterielles Bedürfnis. Seine „Leistung" besteht nicht im Erfüllen einer Funktion, sondern darin, dass es Gefühle und Wünsche weckt. Die Menschen projizieren ihre eigenen Bedeutungen auf die Miniaturen und nutzen sie, um sich an persönliches Erleben zu erinnern. All dies wurde uns in den Wochen nach den tragischen Ereignissen des 11. Septembers 2001 klar: Zu meiner Überraschung wurden wir geradezu überschwemmt von der Nachfrage nach diesen Souvenirs, speziell nach unserer längst ausverkauften Miniatur des beim Bombenanschlag von 1993 beschädigten World Trade Centers. Bestellungen kamen sogar von früheren Nutzern des World Trade Centers, die den tödlichen Terrorakt überlebt hatten. Offensichtlich lag hier ein echtes emotionales Bedürfnis vor, das wir erfüllen mussten. Nach einigem Zögern und ernsthafter Gewissenserforschung beschlossen wir, die alte World Trade Center-Miniatur neu aufzulegen und den Erlös aus den Verkäufen für wohltätige Zwecke zu spenden. Im selben Jahr produzierten wir dann auch das September 11 Memorial Set, bestehend aus den Miniaturen der von den Flugzeugen beschädigten WTC-Doppeltürme und des Pentagons. Die Kollektion Buildings of Disaster wird immer noch produziert und jedes Jahr durch weitere zerstörte Baudenkmäler ergänzt.

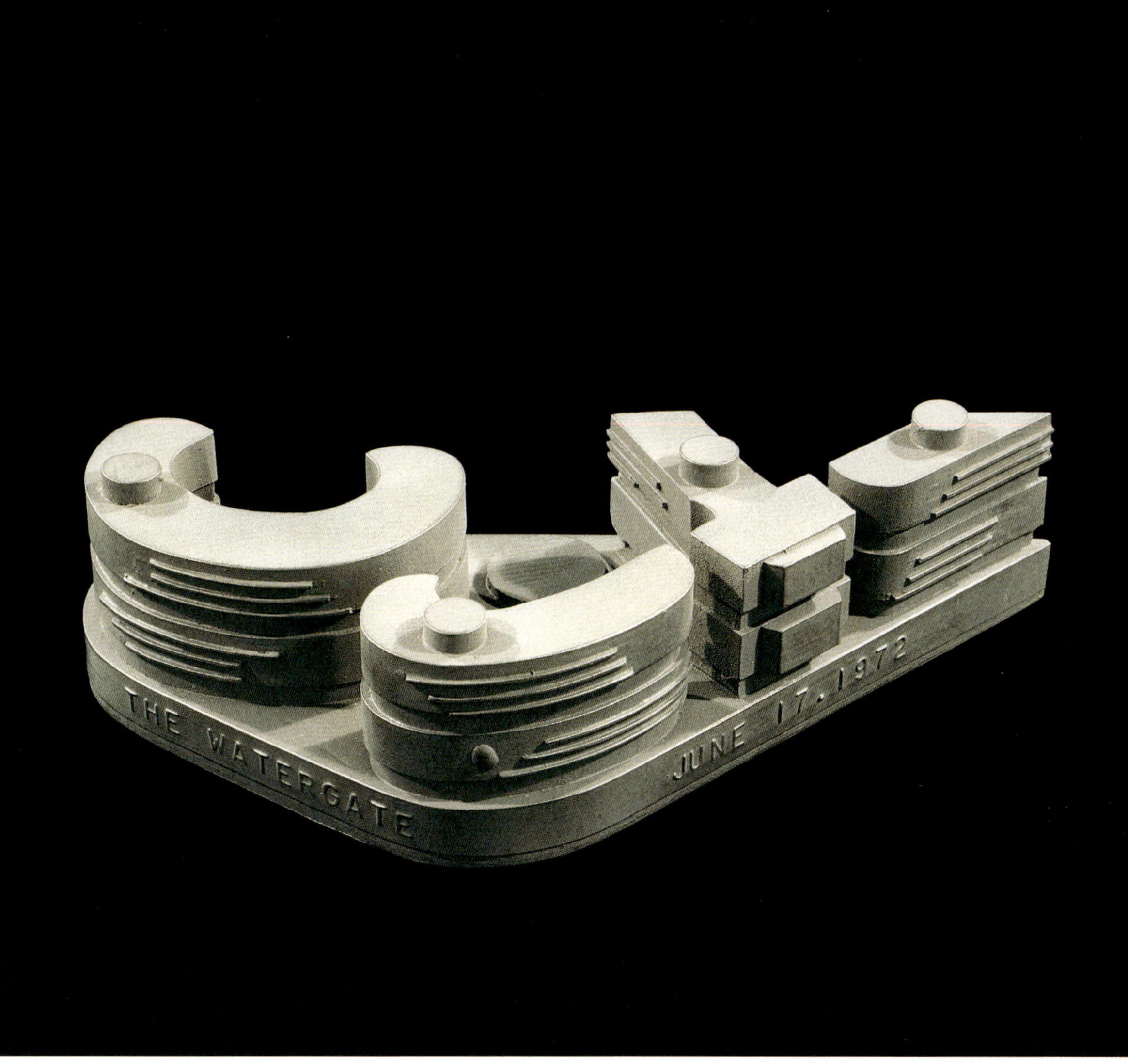
THE WATERGATE
JUNE 17, 1972

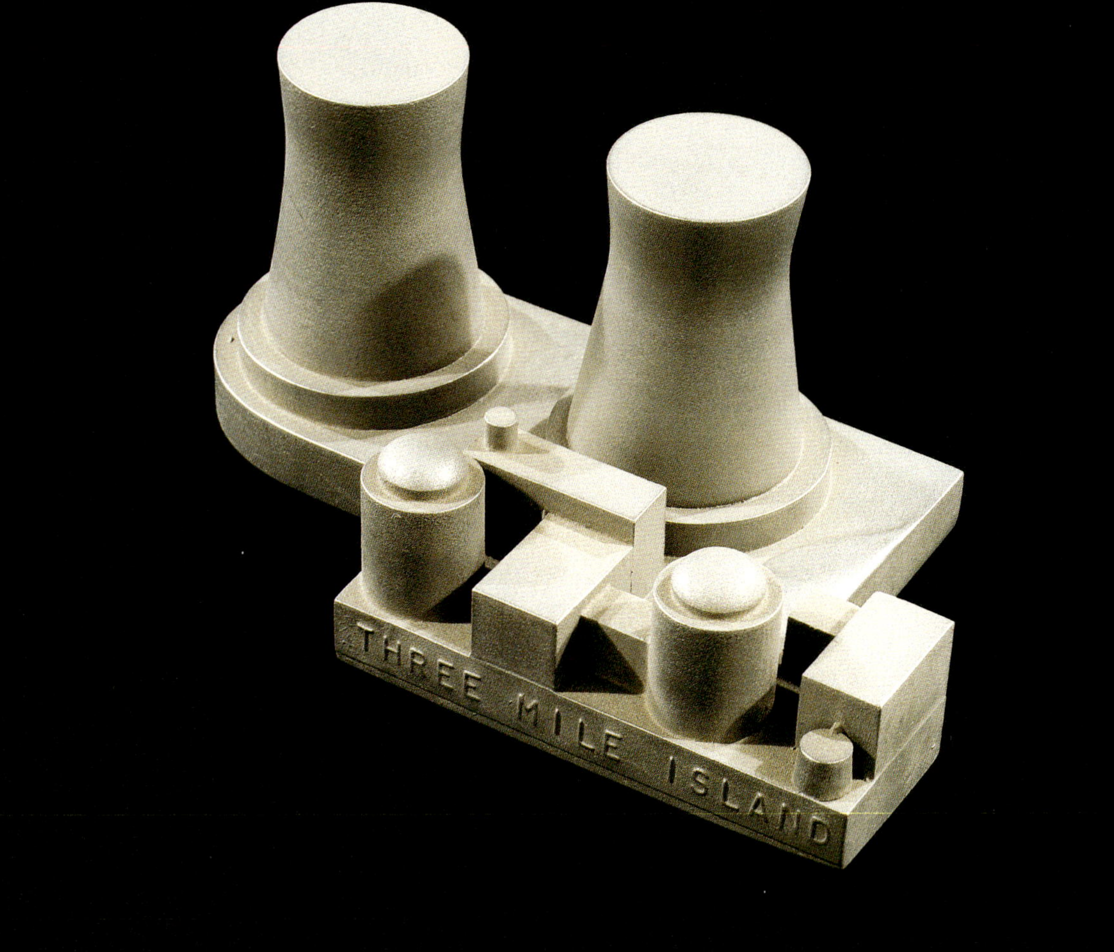
THREE MILE ISLAND

THE UNABOMBER CABIN, 1997

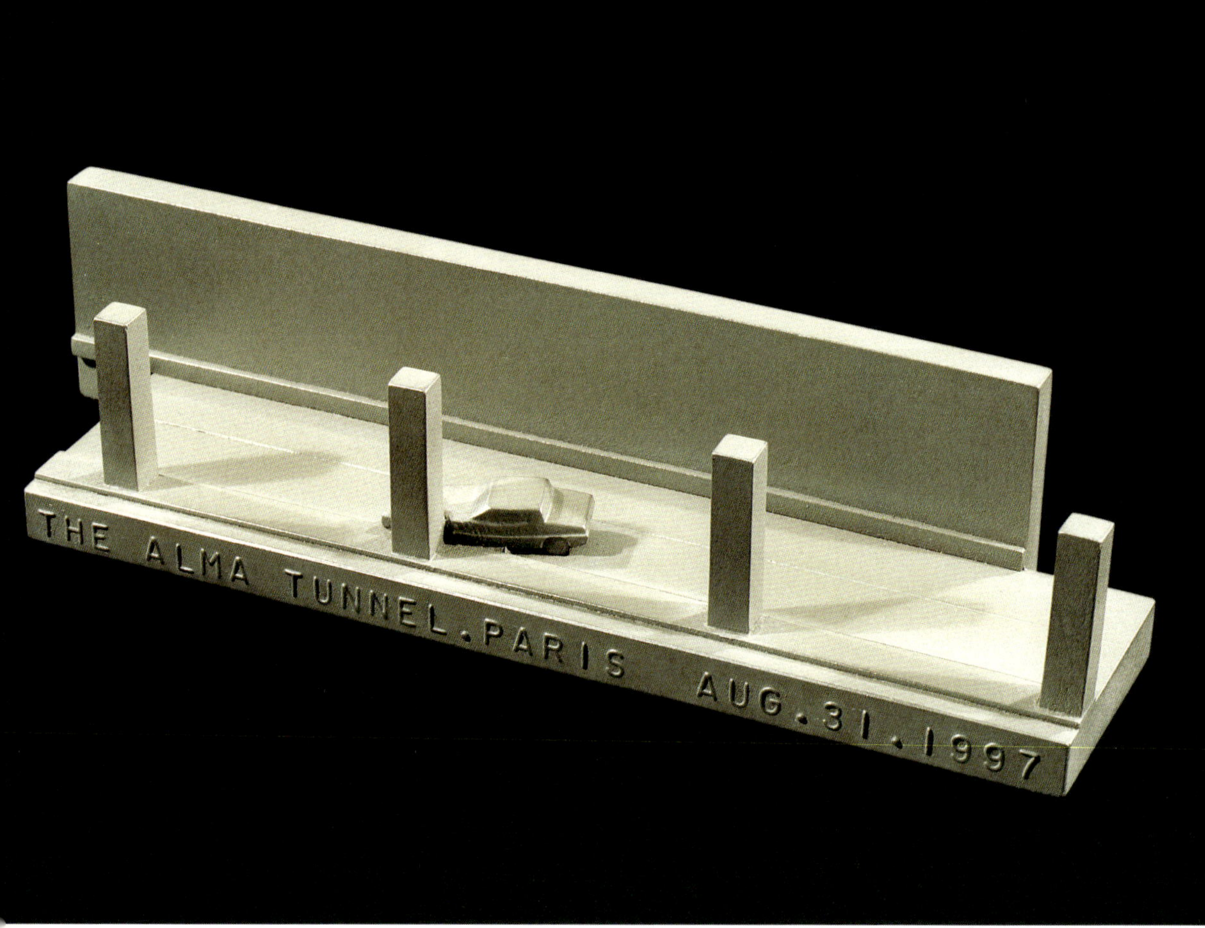
THE ALMA TUNNEL. PARIS   AUG. 31. 1997

FEDERAL BUILDING
APRIL 19, 1995

CHERNOBYL
APRIL 26 · 1986

THE PENTAGON
SEPTEMBER 11 · 2001

CLOSED FOR
SEASON
THANK YOU
GOD BLESS THE USA

REMERCIEMENTS

Les travaux qui figurent dans ce catalogue n'existeraient pas sans la contribution de nos employés, stagiaires, collaborateurs et amis. Ils n'auraient pas non plus été réalisés sans nos clients, qui nous ont confié leurs projets et mandats. Qu'ils en soient ici tous remerciés.

Avant tout, je suis reconnaissant à celle qui est ma partenaire dans ma vie privée et professionnelle, elle aussi une designer accomplie, ma chère épouse et la mère de notre fils de huit ans, Laurene Leon Boym. Je remercie aussi nos employés et stagiaires, passés et présents: Hlynur Vagn Atlason, Inna Alesina, Gina Aponte, Irene Berthezene, Doreen Becker, Sang-Min Bae, Agathe Chiron, Jordan Kovin, Karin Lingnau, John Lowe, Andrea Ruggiero, Heather Taylor, Ida Wanler, Christine Warren, Ruth Weber; nos brillants collaborateurs Hjalti Karlsson et Jan Wilker, Yvette Lenhart, Vitaly Komar et Alex Melamid, Alex Valich.

Je tiens à remercier chaleureusement Pierre Keller et Alexis Georgacopoulos de m'avoir invité à donner un workshop à l'ECAL et de m'avoir donné une plateforme pour présenter mon travail à Lausanne; Chantal Prod'Hom, directrice du mudac, qui après une brève présentation de ma part, m'a généreusement offert ses espaces d'exposition; Claire Favre Maxwell, pour sa patience et son assiduité, qui tous deux ont fait que cette exposition devienne une réalité; et enfin toutes les personnes qui ont pris part à la conception de ce catalogue.

THANKS

The work featured in this book would not be possible without the contribution of our employees, interns, collaborators, and friends. Nor would it happen without our clients, who entrusted us their projects and commissions. To all of them go my thanks and acknowledgement.

Above all, I am grateful to my long-term partner in work and life, a wonderful designer in her own right, my dear wife and mother of our eight-year-old son, Laurene Leon Boym. My thanks go to our employees and interns, past and present: Hlynur Vagn Atlason, Inna Alesina, Gina Aponte, Irene Berthezene, Doreen Becker, Sang-Min Bae, Agathe Chiron, Jordan Kovin, Karin Lingnau, John Lowe, Andrea Ruggiero, Heather Taylor, Ida Wanler, Christine Warren, Ruth Weber; to our brilliant collaborators Hjalti Karlsson and Jan Wilker, Yvette Lenhart, Vitaly Komar and Alex Melamid, Alex Valich.

My warm thanks go to Pierre Keller and Alexis Georgacopoulos for inviting me to do a workshop at the ECAL and giving me a forum to present my work in Lausanne; to Chantal Prod'Hom, the director of mudac, who after my short presentation had generously offered me the exhibition; to Claire Favre Maxwell, for her patience and hard work in making this exhibition a reality; and to all contributors to this book.

DANK

Die in diesem Buch vorgestellten Arbeiten wären ohne das tatkräftige Engagement und die Anregungen unserer Angestellten, Praktikanten, Partner und Freunde nicht möglich gewesen. Sie wären auch nicht ohne unsere Kunden entstanden, die uns mit ihren Projekten und Aufträgen betrauten. Ihnen allen gilt mein Dank.

Allen voran möchte ich meiner langjährigen Arbeits- und Lebenspartnerin, selbst eine hervorragende Designerin, meiner lieben Frau und Mutter unseres achtjährigen Sohnes, Laurene Leon Boym danken. Mein Dank geht ebenso an unsere früheren und heutigen Angestellten Hlynur Vagn Atlason, Inna Alesina, Gina Aponte, Irene Berthezene, Doreen Becker, Sang-Min Bae, Agathe Chiron, Jordan Kovin, Karin Lingnau, John Lowe, Andrea Ruggiero, Heather Taylor, Ida Wanler, Christine Warren und Ruth Weber sowie unsere genialen Partner Hjalti Karlsson und Jan Wilker, Yvette Lenhart, Vitaly Komar und Alex Melamid sowie Alex Valich.

Mein spezieller Dank gilt Pierre Keller und Alexis Georgacopoulos dafür, dass sie mich einluden, an der ECAL einen Workshop abzuhalten, und mir in Lausanne ein Forum zur Präsentation meiner Arbeiten boten. Der Direktorin des mudac, Chantal Prod'Hom, möchte ich dafür danken, dass sie mir nach einer kurzen Präsentation großzügigerweise eine Ausstellung anbot; und Claire Favre Maxwell danke ich für ihre Geduld und die harte Arbeit, die sie in die Realisierung dieser Ausstellung investierte.

Le mudac tient à exprimer sa très vive gratitude à Constantin Boym, à son épouse Laurene Leon Boym et à toute leur équipe. L'enthousiasme, l'engagement et le professionalisme qui ont alimenté chaque étape de la réalisation de cet ouvrage et de la mise sur pied de l'exposition furent exceptionnels. Merci aussi à Alexis Georgacopoulos et à Pierre Keller: ils nous ont fait découvrir le formidable et insolite travail de Boym. Notre ambition fut dès lors de faire partager, à un public le plus large possible, cette belle aventure.

The mudac would like to express its deepest gratitude to Constantin Boym, his wife Laurene Leon Boym and their entire team. The enthusiasm, commitment and professionalism that have sustained each stage in realizing this work and setting up the exhibition have been truly exceptional. Thanks also to Alexis Georgacopoulos and Pierre Keller: it was they who first introduced us to Boym's fantastic, unusual work. Our ambition ever since has been to share this beautiful adventure with the widest possible audience.

Das mudac möchte an dieser Stelle Constantin Boym, seiner Ehefrau Laurene Leon Boym und ihrem ganzen Team seinen tief empfundenen Dank aussprechen – für die große Begeisterung, hervorragende Professionalität und das überdurchschnittliche Engagement, mit denen sie jede Vorbereitungs- und Realisierungsphase der Ausstellung unterstützt und begleitet haben. Ein Dankeschön auch an Alexis Georgacopoulos und Pierre Keller, die uns auf das bedeutende und ungewöhnliche Schaffen von Constantin Boym aufmerksam gemacht haben. Seither sind wir bestrebt, möglichst viele Menschen an diesem schönen Abenteuer teilhaben zu lassen.

Ce livre paraît à l'occasion de l'exposition du même nom, présentée du 8 juin au 2 octobre 2005 au mudac de Lausanne:
This book appears on the occasion of the exhibition of the same name, presented from June 8 to October 2 2005 at mudac in Lausanne:
Dieses Buch erscheint anlässlich der Ausstellung gleichen Titels, 8. Juni bis 2. Oktober 2005 im mudac, Lausanne:

Constantin Boym: America

Exposition et catalogue conçus par / Concept of the exhibition and catalog / Konzept der Ausstellung und des Katalogs:
Constantin Boym / Chantal Prod'Hom, directrice du mudac / Claire Favre Maxwell, conservatrice du mudac

Avec la collaboration de / With the collaboration of / In Zusammenarbeit mit:
Boym Studio et / and / und Susanne Hilpert Stuber, conservatrice du mudac, Michèle Bell, Dominique Binda, David Burnier, Carole Guinard, Martine Magnin, Christiane Mercier, Ann-Fabienne Renggli, Marie-Laure Schweighofer, Andreas Spitteler, Hervé Taïeb, Bettina Tschumi, Christiane Vemba et / and / und Pedro Vemba.

mudac / musée de design et d'arts appliqués contemporains
Place de la Cathédrale 6, CH-1005 Lausanne
T. +41 21 315 25 30 / F. +41 21 315 25 39
info@mudac.ch / www.mudac.ch

Traductions / Translations / Übersetzungen:
Anglais – français: mimetis, www.mimetis.ch
French – English: Jenny Marsh
Englisch – Deutsch: Annette Wiethüchter

Graphisme / Graphic design / Grafik:
Flavia Cocchi, Lausanne / Vincent Sahli / Ludovic Gerber

Photolitho
Scan Graphic, Nyon

A CIP catalogue record for this book is available from the Library of Congress, Washington D.C., USA.

Bibliographic information published by Die Deutsche Bibliothek
Die Deutsche Bibliothek lists this publication in the Deutsche Nationalbibliografie;
detailed bibliographic data is available in the internet at http://dnb.ddb.de.

Printed on acid-free paper produced from chlorine-free pulp. TCF ∞
Printed in Germany
ISBN-13 978-3-7643-7242-2
ISBN-10 3-7643-7242-7

987654321
www.birkhauser.ch

6
UNDER CONSTRUCTION
OVERSIZE VEHICLES
USE ALTERNATE ROUTE
NO OVERSIZE VEHICLES

Designers read form.

One of them is Stefan Sagmeister,
graphic designer in New York.

form

The European Design Magazine